U0747548

少·儿·视·频·版

中庸

全鉴

[战国] 子思／著

东篱子／解译

中国纺织出版社有限公司

内 容 提 要

《中庸》原属于《礼记》第三十一篇，为儒家经典之作，与《大学》《论语》《孟子》合称"四书"。

本书对《中庸》全文进行解释，分为国学原味、词语解释、句意理解、趣味故事、国学启示及思考时间六个部分。语言活泼，故事生动，富有趣味性，便于小读者更加深入地学习和理解《中庸》思想的精髓。

图书在版编目（CIP）数据

中庸全鉴：少儿视频版 /（战国）子思著；东篱子解译.
--北京：中国纺织出版社有限公司，2021.5
ISBN 978-7-5180-7808-0

Ⅰ.①中… Ⅱ.①子… ②东… Ⅲ.①儒家 ②《中庸》—少儿读物 Ⅳ.① B222.1-49

中国版本图书馆CIP数据核字（2020）第163765号

策划编辑：张淑媛　　　　责任编辑：段子君
责任校对：高　涵　　　　责任印制：储志伟

中国纺织出版社有限公司出版发行
地址：北京市朝阳区百子湾东里 A407 号楼　邮政编码：100124
销售电话：010—67004422　传真：010—87155801
http://www.c-textilep.com
中国纺织出版社天猫旗舰店
官方微博 http://weibo.com/2119887771
佳兴达印刷（天津）有限公司印刷　各地新华书店经销
2021 年 5 月第 1 版第 1 次印刷
开本：710×1000　1/16　印张：10
字数：128 千字　定价：29.80 元

凡购本书，如有缺页、倒页、脱页，由本社图书营销中心调换

　　《中庸》是儒家经典之一，是中国古代论述人生修养境界的一部道德哲学专著，原属《礼记》第三十一篇，相传为战国时期子思所作。

　　在《中庸》的内容中，肯定"中庸"是道德行为的最高标准，把"诚"看成是世界的本体，认为"至诚"会令人达到人生的最高境界。

　　宋代学者把《中庸》从《礼记》中抽出，与《大学》《论语》《孟子》合为"四书"。宋元以后，它更是成为学校官定的教科书以及科举考试的必读书，对中国古代教育和社会产生了极大的影响。可以说，它对中华文明的形成都有着深远的影响。

　　《中庸》讨论了儒学的一系列问题，如命、性、教、道、慎独、情已发未发、中和、大本、达道、在中、时中、用中、费隐忠恕、鬼神、五达道、三达德、知行、治国九经、择善固执、诚，等等，这些讨论丰富多彩，细致入微，富有哲理。

　　《中庸》在儒家典籍中，是高层次的、理论色彩浓厚的著作。读通、读懂很不容易。为了和现代生活紧密贴合，本书从《中庸》三十三章中分别提炼出了适合轻松阅读的主题，即：中和是天地的根本；中庸是道理的极致；做人要适中；做事要适度；实践出真知；不偏不倚，不走极端；勿被聪明误；美德驻心中；中庸之难；君子和不流；君子循道行；大道如行远；正确面

对大义；守正驰天下；从基本做起；君子之道；大德者必受命；肩负起自己的使命；礼法为处世的根本；立志治国安天下；君于诚为贵；天下至诚，能尽其性；真诚能够化育万物；最高的真诚；诚为天下经；圣人和天地同德；人生立大志；食古不化者傻；德行不需要证明；万物共生而不相害；圣人美德可以配天；守住至诚之道；认识中庸的境界。

　　本书对《中庸》全文进行逐字逐句的解释，每章节包含国学原味、词语解释、句意理解、趣味故事、国学启示及思考时间六个部分。

　　为了增加它的可读性，其中"趣味故事"以精短而活泼的语言，结合小读者的日常生活和学习，讲述有趣的小故事，帮助小读者更深入地学习和理解《中庸》思想的精髓。

编者

2020 年 1 月

目录

中和是天地的根本

国学原味

　　天命之谓性①，率性之谓道②，修道之谓教③。道也者，不可须臾离也④，可离非道也。是故君子戒慎乎其所不睹⑤，恐惧乎其所不闻⑥。莫见乎隐⑦，莫显乎微，故君子慎其独也⑧。喜怒哀乐之未发，谓之中⑨；发而皆中节⑩，谓之和⑪。中也者，天下之大本也；和也者，天下之达道也⑫。致中和⑬，天地位焉⑭，万物育焉⑮。

词语解释

①性：人性。

②率：遵循，按照。道：狭义为路，此处引申为规律、法则。

③教：教化。

④须臾（xū yú）：片刻。

⑤不睹：人们看不见的地方。

⑥不闻：人们听不到的事情。

⑦见（xiàn）：同"现"，显现的意思。乎：介词，于。

⑧独：独处，自己一个人。

⑨中：中间，此处指不左不右、不偏不倚。

⑩中（zhōng）节：中于节度，符合规则节制。

⑪和：和谐，不偏颇、不乖戾。

⑫达道：天下古今必经之路，这里指的是万物运行的普遍规律。

⑬ 致：抵达，达到。

⑭ 位：安于所处的位置。

⑮ 育：生长发育。

句意理解

天赋和人的禀赋叫作"性"，遵循天性来行动叫作"道"，按照道的原则修养叫作"教"。道是时时刻刻存在，不可以片刻离开，如果人们可以离开它来行事，那它就不是道了。所以，君子在别人看不见的地方行事也是小心谨慎的，在别人听不见的地方做人也是戒慎畏惧的。越是隐秘的事情越是容易显露一个人的品性，越是细微的事情越是容易显现一个人的道德。所以，君子在一个人独处独知的时候，更是一定要小心谨慎。喜怒哀乐种种的感情在还没有表现出来的时候，叫作"中"；表现出来之后，如果符合节度，不过头，不过分，叫作"和"。"中"是天下万物运行的根本；"和"是天下万物运行时需要普遍遵循的规律。一旦达到中和的境界，那么天地万物便会各在其位，而万物的生长则会欣欣向荣。

趣味故事

不要变"棒槌"

有个叫小明的小朋友，特别喜欢唱歌，而且唱得特别好。于是，老师就说，小明是天生的唱歌的料。

其实，这就是"天命之谓性"的意思，就是说，唱歌是小明的天赋技能。

小明也因为自己唱歌唱得好很自豪。爸爸妈妈送他去音乐班学习唱歌，回到家，家里也回荡着他的歌声；在联欢会上，他把美好的歌声献给老师

和同学，大家给他送上热烈的掌声，小明觉得真自豪……

但是，因为他过于专注唱歌，竟然不再用心学习文化知识，也不再学习画画、弹琴、跳舞等技能，更不再注重体育锻炼。这么说吧，他的全部注意力都用在了唱歌上面。结果，考试的时候，小明的文化成绩一塌糊涂，他的身体素质也变得特别差，动不动就感冒发烧。

老师注意到他这个情况，跟他谈话，告诉他，如果过分注重唱歌，而不注意全面发展的话，他就会像一棵树，没有树枝，只有光秃秃的一根树干，像棒槌一样，那多么难看！

小明吓坏了："我可不要像棒槌，我可不要像棒槌。"于是，他就重新开始分配他的时间和精力，把文化课、体育锻炼和其他的技能安排进自己的日常生活里去。这样一来，很快就纠正了偏差：课堂上回荡着他动听的读书声，体育场上奔跑着他小鹿一般矫健的身影，教室的墙壁上张贴着他的画作……

刚开始的时候，小明失去了"中庸"的要义，形成了"偏科"的现象。我们可不要像他刚开始那样啊，否则，我们也就变成棒槌了！

踩鸡蛋

小丽是独生女，爸爸妈妈的心肝宝贝，平时她要什么爸爸妈妈就给买什么，特别娇惯。

这样做的结果就是她的脾气特别不好，说一不二。一旦达不到她的要求，马上又哭又闹。哭起来哄都哄不好，不哭足一个钟头不算完；发起脾气来拼命地大喊大叫，她自己的耳朵都受不了，要捂起来，把嗓子都叫哑了，谁劝都不停下来。

其实，谁还没有个小脾气，你说对吧？七情六欲是天生的，有情绪特别正常，这就叫作"中"。"中"，其实就是"身体内部"的意思。

有脾气要发，这也很正常。但是，脾气发得没完没了，这就不正常了！不开心了，可以哭，但是不能过头；生气了，也可以发脾气，但是也不能过头。这就叫作"和"。"和"，就是"正好、不过头"的意思。

古时候有一个叫王蓝田的人，性子很急。有一次他吃鸡蛋，想用筷子扎起来，结果鸡蛋圆圆的，他没有扎到，气坏了，把鸡蛋"啪"地扔到地上。

鸡蛋在地上还转啊转的，他更气了，从席上下来，用鞋底子去踩，又没有踩到。他火冒三丈，一把把鸡蛋从地上捡起来，也不顾有没有土，往嘴巴里一塞，咬烂了又"呸呸"地吐到地上。

这事儿传出去，惹得人们大笑，纷纷笑话他没有修养。

这个王蓝田，就因为发脾气发得没有节制，违背了"中和"的原则，成了千古笑话。

国学启示

人的禀赋是自然形成的，人人遵循各自的性，在日常生活中，就知道当做什么，不当做什么，这就有了常规，这就是道。

一个人还没有表现出喜怒哀乐的情感时，他的心中是平静的，是不偏不倚的，所以叫作"中"。但是喜怒哀乐总要发露出来，如果发露出来有节度，既不过头，又不憋着，发露出来后不但自己身心舒畅，别人也感觉舒服，这样就叫作"和"。人人都达到"中和"的境界，整个社会人与人之间心平气和，人类社会和自然界很和谐，天下也就太平无事了。

思考时间

1. 你的特长是什么？你会因为学习特长而忽视学习别的课程吗？

2. 你独处的时候有没有做过不好的事呢？反思过吗？

3. 你坏情绪上来的时候，会无节制地发脾气吗？

中庸是道理的极致

国学原味

仲尼曰①："君子中庸②，小人反中庸。君子之中庸也，君子而时中③；小人之中庸也④，小人而无忌惮也⑤。"

词语解释

①仲（zhòng）尼：即孔子，名丘，字仲尼，鲁国陬邑（今山东曲阜）人，祖籍宋国（今河南），中国古代思想家、教育家，儒家学派创始人。

②中庸：按照朱熹所注"中庸者，不偏不倚，无过不及"，它是儒家的最高道德标准，小至行事做人，大至天地运转，都依照中庸法则而行。

③时中：时时处于中，随时处于中。

④小人之中庸也：小人的中庸方式。

⑤忌惮（jì dàn）：顾忌和畏惧。

句意理解

仲尼说："君子能做到中庸，小人却违背中庸。君子之所以能做到中庸，是因为君子行事做人，随时都能够做到适中；小人之所以违背中庸，是因为小人行事做人无所顾忌，肆意妄为，偏离规范。"

我生气了，怎么办

有一个十岁的少年，他有一天生气了，于是就用拳头狠狠地打妈妈，一气打了十来拳。

这件事情被爸爸看见了，把他狠狠地揍了一顿，说："你怎么可以打你妈妈呢？今天不许你吃晚饭了！"

于是，他被关到自己的房间，关了禁闭。他越想越生气，又气又饿，又饿又气，快气死了……

在这件事情上，少年和他爸爸做得都不对。

少年因为生气竟然打妈妈，这件事做得太过头了，这就是"过犹不及"。

爸爸不许他生气之后有一个发泄的举动，这又走向另一个极端。

我们来看一本书吧。这本书，英文名叫 *When Sophie Get Angry—Really Really Angry*，中文名就是《苏菲真的生气了》。

这本书的主角就是苏菲，她有一个姐姐。

她正在玩一个大猩猩，这个时候，姐姐扑上来，抓起了大猩猩。

"不！"苏菲尖叫着。

"现在轮到姐姐玩了。"妈妈在姐妹之间主持着公道。

苏菲生气了。

她大喊，踢东西，甚至想把这个世界撕裂。

她尖叫着，感觉自己嘴里喷出了红色的火焰，她觉得自己是一座要喷发的火山。

于是，她冲出了门外，爬到了树上。

感受到了风，看见了远处的风景，她的心情逐渐平静了下来。

生气，是每一个人都会有的情绪。如果你生气了，怎么办呢？

首先，声明一点：生气不是罪，每个人都有闹情绪的时候。

但是，生气不等于你要通过伤害别人的方法来表达出来。给你出一个主意：你可以踢墙壁、摔枕头，在没人的地方大喊大叫地发泄出来；或者是听听音乐，出去看看风景，让愤怒的波涛平静下来。这就是中庸的法则。

如果你仗着爸爸妈妈的宠爱，就肆无忌惮，抡起拳头，那你就成了不折不扣的"小人"了。

君子之怒

《左传》中有一个故事：鲁文公二年，秦国和晋国发生战争。莱驹为晋襄公驾驭战车，这个职位叫作"车右"。作战的第二天，晋襄公派莱驹杀掉那些秦国的俘虏，可是俘虏突然大声叫喊，叫得胆小的莱驹把武器都给扔到地上了。

这个时候，旁边一个叫作狼瞫的勇士拿起武器，替他完成了任务。于是，晋襄公就把狼瞫提拔作他的车右。

可是，时隔不久，狼瞫就被顶头上司，一个叫先轸的将军给撤了职，给晋襄公换了一个驾驭战车的人。

这可把狼瞫气坏了，他的眼睛都红了，鼻子里咻咻地出气，像愤怒的公牛一样。他的朋友说："走，我和你一起，去杀了先轸！"

狼瞫说："不行。这样的死法不合道义，这不是勇敢。我要为国家尽忠而死！"

过了几天，秦晋双方在彭衙大战。摆开阵势以后，狼瞫就率领部下冲

进秦军的队伍，拼力搏斗，死在了阵地上。晋军跟着他的脚步冲锋向前，把秦军打得大败。

于是，《左传》的作者就评论说："像狼瞫这样的，真的可以算得上一个君子了。他发怒不去作乱，反而上去打仗，所以可以说是君子。"

确实，他因为没有受到重用而生气和发怒，但是他却没有因此作乱，而是凭借着一股怒气杀敌报国，不是君子又是什么呢？

国学启示

"中"不是说人的思维、行动都是僵化的，死死地钉在原地，它是人在不停的思想和行为中，始终保持一个"中"的状态。

为了让自己始终保持一个"中"的状态，那就要时时都警醒，反省自己，这样才能体现中庸之道，才是君子所为。小人却没有这方面的修养，任意妄行，肆无忌惮，好走极端，和中庸相反。

思考时间

1.你生气的时候有没有过火的举动？

2.你说话做事好走极端吗？

做人要适中

国学原味

子曰："中庸其至矣乎①！民鲜能久矣②！"

词语解释

①至：极致，顶点，最高点。

②鲜（xiǎn）：少。

句意理解

孔子说："中庸大概是最高最好的德行了吧！但是，人们却很少能够做到，这种情况已经延续很长时间了！"

趣味故事

"倒霉"的狐狸

有一个童话故事是这样讲的：

有一只狐狸，惊慌失措，气喘吁吁地逃进一个村子里。树上的一只鸟看见了，问它："你怎么了，为什么跑？"

狐狸上气不接下气："后……后面，有，有一大群……猎狗追我！"

鸟儿一听，赶紧出主意："你快到村口的薛大婶家躲躲，她人可好了，一定会收留你的。"狐狸一听："薛大婶？不行不行，前两天我刚偷了她一只老母鸡。"

鸟儿说："那你去石樵夫家躲躲吧，他家离这儿挺近的。"

狐狸说："石樵夫？也不行，他前几天上山砍柴，没在家，我就偷偷吃了他家养的金丝雀，那是他女儿养的，他女儿哇哇大哭的，石樵夫恨死我了。"

鸟儿也发愁："要不你去投靠庄大夫吧，他可有爱心了，一定会把你藏起来。"

狐狸说："也不行。我上次去他家里的时候，把他们家的肉都给吃了，还把他养的花踩烂了。"

鸟儿也没办法了："这里的每个人你都得罪过吗？"

做人要适中

狐狸回答："是啊。"

鸟儿振翅飞走了："再见吧，我帮不了你。"

于是，在狐狸绝望的目光里，一大群猎狗狂奔而来……

试想一下，如果狐狸平时做得不那么"绝"，不那么肆无忌惮，总会找到愿意帮助它的人。所以，是它的无止境的倒行逆施使它自己陷入绝境的。

"幸运"的鸟儿

从前，鲁国有一个国君，每天接受人们的膜拜，锦衣玉食，养尊处优。

有一天，一只巨大的海鸟飞落在鲁国都城的附近。它也许是迷路了，也许是一时好奇，想来参观一下这个人类的城市。它的头抬起的时候，身高达八尺；双翅一展，样子拉风，就像传说中的凤凰。

人们从来没有见过这种鸟，以为它是天上的神鸟飞到了人间，于是就赶紧把这件事报给了鲁王。

鲁王听到汇报，想：既然是神鸟，那当然要用最高规格的礼遇来招待它。于是，他就派人把这只鸟抓起来，放进巨大的笼子里，然后以盛大的礼节，郑重其事地迎接它到鲁国的宗庙。在宗庙里，鲁王大摆宴席，招待神鸟，宫廷乐师在他的命令下，奏起了最高级的《九韶》曲给神鸟听——这可是舜帝时在最隆重的场合下才演奏的乐曲啊。

而且，鲁王还派人给神鸟摆满最上等、最神圣的"太牢"供品来做食

物。什么是太牢呢？就是用很大的盘子，盛着烤熟的全牛、全羊和全猪，请神鸟享用。而鲁王呢？就毕恭毕敬地侍立在神鸟旁边。

海鸟哪看到过这种阵势，它被吓得发呆，头晕眼花，既不敢吃肉，也不敢喝水。三天后，它就死去了。

鲁王唉声叹气，觉得自己对待神鸟已经十分周全了，为什么神鸟会死呢？

其实，这只"神鸟"才倒霉呢。它看似被侍奉得非常周到，但是，这种"无微不至"的照顾却适得其反，害它送了命。

所以，鲁王这种不看场合、不分对象，只凭自己的想当然去做事的极端做法，只能是干出适得其反的蠢事。

国学启示

正因为中庸是最高的德行，所以最难把握了。要不偏不倚，要既不过头，又不会达不到，在两端中寻求合度点，去做到恰到好处，这当然是很难的事了。

思考时间

你和他人相处的时候，做过损人利己的事吗？这样的事多不多？

做事要适度

国学原味

子曰："道之不行也①，我知之矣，知者过之②，愚者不及也。道之不明也，我知之矣，贤者过之，不肖者不及也③。人莫不饮食也，鲜能知味也④。"

词语解释

①道：这里指的就是中庸之道。

②知：同"智"。过：过头。

③不肖（xiào）者：指不才，不正派，品行不好的人。

④味：滋味，味道。

句意理解

孔子说："中庸之道不能实行的原因，我算是知道了，聪明的人呢，就会自以为是，从认识上过了头；愚蠢的人呢，又脑子不好使，对于中庸之道理解不了。中庸之道不能彰显的原因，我算是知道了，贤能的人呢，想要实行中庸之道，但是行动上做得过了头，不贤能的人呢，又做不到。就像人们每天都要吃东西，又有多少人能够真正品尝出食物的滋味呢。"

~趣味故事~

曾参挨打，周木问安

有一天，小明的妈妈向朋友诉苦：

"我家小明啊，脾气可拧了。昨天他惹我生气，我就打了他一下。结果他还跟我犟嘴，我更生气了，就又打了他两下，心里想着他撒腿跑了，也就没事儿了。没想到他根本不跑，就死死地站在那儿不动，等着我打。我又生气又下不来台……"

小明的做法，让人想起孔子的学生曾参。

曾参是著名的孝子。一天，他锄草时把禾苗给误伤了，他的父亲就拿棍子打他。

曾参怕父亲生气，就站着不动，硬挺着挨打。他的父亲以为他是心里不服气，更生气了，棍子下去得更厉害，竟然把他打得晕了过去。

过了一会儿，曾参醒过来，他不但没有喊疼和抱怨，反而马上毕恭毕敬地问他父亲："您受伤了没有？"于是，鲁国人都赞扬曾参是个孝子。

他的老师孔子知道了这件事后，告诉守门的弟子："曾参来，不要让他进门！"

曾参很纳闷，就托人请问孔子为什么不让他进门，孔子说："舜作儿子的时候，他的父亲用小棒打他，他就站着不动；他的父亲用大棒打他，他就逃走。父亲要找他干活时，他总在父亲身边；父亲想杀他时，无论如何也找不到他。现在曾参在父亲盛怒的时候也不逃走，任由父亲棒打，打死了怎么办？他也是鲁国的国民啊，他死了，就是鲁国的国民被杀害了，这不是罪过吗？"

所以说，孝敬父母是应该的，但是形式上要灵活，否则就成了愚孝了。就像古时候一个叫周木的秀才一样。每天早上他父亲还没起床，他就去敲门问安。一天早上，他又去敲门，父亲问："谁敲门？"他答："周木问安。"父亲气坏了，因为他天天都这样，让人忍无可忍："我正睡得香，谁用你这时候来问安！"

大锅和大包子

以前，有一人爱吹牛，大家都很讨厌他，这个人的弟弟也很讨厌他。

但是，弟弟劝他，他也不肯听。

一天，这个爱吹牛的哥哥郑重地对弟弟说："昨天我吃了一回大饺子。这个饺子用了一百斤面，八十斤肉，二十斤菜，包好煮熟后用了八张方桌才放下它。我们共有二十几个人在四周围着吃，吃了两天，还没吃到一半。吃着吃着，有两个人不见了，大家到处找他们，结果听到饺子里面有说话声，揭开一看，只见那两个人正在里面掏馅儿吃呢！你就说我吃的这饺子大不大吧？"

弟弟一听，马上也开始吹牛："你这算什么呀！我昨天吃的大肉包子，那才叫大！我们几十个人吃了三天三夜，还没吃到馅儿。大家继续吃，继续吃，吃着吃着，吃出一个石碑，石碑上面写着：'离馅还有三十里。'这样的包子才算大！"

哥哥听了弟弟的话，问他："这么大个包子，你们是用什么锅蒸的？"

弟弟一笑："用你煮饺子的那口锅蒸的啊！"

哥哥这下满脸通红，无话可说了。弟弟说："哥哥，有的时候人会有吹牛的欲望，但是你不能吹牛吹得没边儿啊，这样大家都会讨厌你的，你说是不是？"

哥哥点点头，认真反思去了。

国学启示

智者做得过头，愚者做得不足，这个问题还是过与不及的问题。正因为要么太过，要么不及，所以，总是不能做得恰到好处。

这种情形的发生，根本还是在于认识的不足。就像人们每天都在吃喝，但是又有多少人能够品出真正的滋味呢？对待"道"的态度也是一样，成天嘴上说着"道"，又有多少人能够真正知道"道"的含义呢？

思考时间

1.故事里的曾参错在哪里？周木又错在哪里？

2.你吹过牛吗？你对吹牛的行为是怎么看的呢？

实践出真知

(国)(学)(原)(味)

子曰："道其不行矣夫①。"

(词)(语)(解)(释)

①其：这是一个语气助词，表示推测。夫（fú）：句尾表示感叹的语气词。

(句)(意)(理)(解)

孔子说："唉，中庸之道大概是不能实行了吧。"

❧ 趣味故事 ❧

李时珍捉蛇

李时珍是明代的医学家、药物学家，他读了《本草经》和许多别的医药典籍。

这么说吧，他每天都是手不释卷，除了帮着父亲给人治病，就是读书。他觉得，书里有一切问题的答案，所以，读好书就可以解决所有问题。

但是，有一天他却被一个问题难住了，不得不求助父亲："我看到书上说，白花蛇肚皮下面有二十四块斜方形的花纹，父亲，这是真的吗？"

15

父亲说："白花蛇不稀奇，咱们这一带就有，你去抓一条看看不就知道了吗？"

其实他的父亲本来就是医生，对于白花蛇已经很熟悉了，但是他就是要让李时珍去寻找答案。

李时珍真的爬到山上，捉到一条白花蛇，发现它的肚皮上果然是二十四块斜方形花纹。

从此，他就知道了一个道理：读书和实践一定要结合起来，获取的知识才能既准确又完整。

后来，他在编写《本草纲目》的时候，除了读书，就是躬行实践，自己采集标本搞研究，和书本上的知识进行验证，验证无误，才写进书里。

他还采访各行各业的人，从他们的嘴里获取知识。他拜访过的人，包括但不限于民间游医、药农、农民、渔夫、砍柴的、打猎的，总之，走到哪里，问到哪里，虚心求教，认真完善自己的知识体系。

他的足迹遍及湖广一带的田野山谷，而且他还到过江西的庐山，江苏的茅山、牛首山，另外，安徽、河南、河北等地也有过他的身影。通过博览群书、实地调查、认真求证，他把原来的书本知识中，错误的纠正过来，不足的补充完善，使那一时代的医药知识上了一个全新的台阶。

达尔文与物种起源

1809年2月12日，英国生物学家达尔文出生了。当医生的祖父与父亲都希望他也当医生，所以在他十六岁的时候，父亲把他送到了爱丁堡大学学医。

达尔文对大自然的兴趣从小就十分浓厚，他的房间里堆满了他采来的

矿物、动物、植物的标本。

他进入医学院后，对于学医不是很感兴趣，却对大自然的兴趣不改，依然经常往野外跑，看见新奇的动物、植物、矿物标本就采集回来。

如此一来，就惹怒了他的父亲。父亲对于这个不务正业、游手好闲的儿子十分失望，干脆把他送到了剑桥大学，打发他去学神学。既然儿子不愿意当医生，那么，当一个受人尊重的牧师也不错。

可是，达尔文却对于神学院倡导的神明创世论产生了深刻的怀疑。他觉得，这个世界好像不应该是由神明一手创造出来的，而是有它自己的创生和发展规律。

所以，他对于学习神学依然不感兴趣，而是延续了从小的兴趣，把大部分时间和精力都用在了研究自然科学方面，比如听自然科学方面的讲座啦，读自然科学方面的书籍，等等。

达尔文毕业了，当时的牧师待遇十分优厚，他却不愿意从事这个职业，而是继续进行自然科学方面的研究。

为了使自己的研究更深入，他开始了十分漫长而艰苦的实践过程。比如，他跟着英国政府组织的"贝格尔号"环球军舰，进行环球考察。

军舰上的生活既单调无聊，又经受风吹浪打，他却不改初衷。

他采集到的各种标本越来越多，掌握的资料越来越广泛而全面，逐渐地，他的脑海中产生了一系列的问题：

自然界中的万事万物到底是怎样产生的？

万事万物间，有着什么样的联系？

它们为什么会产生各种各样的变化？

这些疑惑令他对于神创论和物种不变论产生了深刻的怀疑。

因为这万事万物不是一旦诞生就一成不变的，这一切都从他的观察、实践中得出了结论。

五年过去了。这五年中，他一直在路上。这次考察使他占有了难以想

实践出真知

17

象和计数的资料，回国后，他整理资料、深入实践、查阅书籍，终于，在1859年11月，写出了科学巨著《物种起源》。

在这本书里，他提出了进化论的思想，推翻了神创论和物理不变的理论，改变了全世界对于物种起源的认知。

这一切，都和他的勇于探索、长于实践分不开。

国学启示

"纸上得来终觉浅，绝知此事要躬行。"李时珍的故事告诉我们，死读书是要不得的，一定要和现实结合，活学活用。这也是中庸之道的一个法则。只能在纸面上提倡的中庸之道，又能有多强的生命力呢？

思考时间

1.郭巨埋儿错在哪里？藏鸡瞒父错在哪里？

2.你能够一边读书一边实践吗？试举例说明。

不偏不倚，不走极端

国学原味

子曰："舜其大知也与①！舜好问而好察迩言②，隐恶而扬善，执其两端，用其中于民，其斯以为舜乎③！"

词语解释

①舜（shùn）：黄帝八世孙，相传其目生双瞳，所以又名重华。上古时期华夏部落首领。他是中华道德文化的鼻祖。《史记》所载："天下明德，皆自虞（yú）舜始。"大知：知，同"智"。

②迩（ěr）言：浅近的话。迩，近。

③其：语气词，此处表推测。斯：这。

句意理解

孔子说："舜可以说是具有大智慧的人了！他喜欢请教问题，又善于从人们说的平常话儿里察觉出内里的含义。口中含德，既不宣扬别人的恶言恶行，又表彰别人说的好话，做的好事。他执掌着'过'和'不及'的标准，根据实际情况，采取中庸之道，用以治理百姓。我想，这就是舜之所以成为舜的原因！"

⟨⟨⟨ 趣味故事 ⟩⟩⟩

尧帝禅舜

✣

《史记》中记载，舜的父亲是个瞎子，生母去世后，父亲又娶了一个妻子，并生了一个儿子。

父亲喜欢小儿子，不喜欢舜，总想杀死他，虽然他孝敬父母，友爱弟弟。

有一次，舜爬到粮仓顶上去涂泥巴，父亲就在下面放火焚烧粮仓。舜借助两个斗笠扇风，像长了翅膀一样，从粮仓上跳下来逃走了。

父亲又让舜去挖井，挖到深处时，父亲和小儿子一起往井里填土，想活埋舜。可是舜事先在井壁上凿出一条通往别处的暗道，当头顶有土倒下的时候，他就从暗道逃走了。

他们就这样想方设法害舜。舜就生活在这样的家庭：父亲心术不正，继母两面三刀，弟弟桀骜不驯，几个人串通一气，要置舜于死地而后快。然而，舜却对父母十分孝顺，与弟弟十分友善，多年如一日。有这样的胸

不偏不倚，不走极端

襟和道德，所以得到了尧的赏识。

尧用了二十七年的时间来考察舜的德行和能力，而舜也没有辜负尧的期望。

他向尧推荐了高阳氏苍舒、叔达等才子八人，谓之"八恺"；接着又举荐了高辛氏伯奋、促堪等八位能人，谓之"八元"。

这十六位贤人帮助他辅佐尧帝，把天下管理得很好。

他又把蛮横霸道、横行不法的"四大凶神"分别予以惩处：把号"穷奇"的共工流放到幽州，把号"浑沌"的欢兜发配到崇山，把号"梼杌"的鲧囚贬到羽山，把号"饕餮"的三苗驱逐到三危，这样一来，天下就安定了。

于是，尧完全放心了，把天下正式禅让给舜，开创了史上所称的"唐尧虞舜"太平盛世。

唐太宗纳谏

唐太宗李世民作为一代明君，兼听纳谏不怕批评，择善而从。

有一次，唐太宗到九成宫，随行的宫女住在围川县的官舍里。不久，宰相李靖和王珪也来了。当地官吏把宫女迁到别处，让出官舍给李靖住。唐太宗生气了，说："为什么轻视我的宫人？难道让这些人在此作威作福吗？"准备下令惩罚这个县令。

魏征说："李靖、王珪都是朝廷大臣，而宫人不过是后宫服役的奴仆。朝廷大臣到地方上巡视，县令要向他们请示公事；大臣回朝以后，陛下也要向大臣询问民间疾苦。官舍应作为接待朝廷官员的处所，这是合情合理的事。至于宫人，他们除了办理生活小事，根本不接待来访的客人。如果因此惩罚县令，将会引起天下人批评。"

唐太宗听了魏征的话，就不再查办县令了。

唐太宗登基不久，上朝时态度严肃，大臣们战战兢兢，很长时间没有人敢发表意见。唐太宗就有意识和颜悦色地找大臣交谈。

有一次，唐太宗准备把元律师判处死刑，当时孙伏伽不以为然，批评太宗说："元律师没犯重罪，陛下判刑过严，实际这是滥加酷刑。"

他接受了孙伏伽的批评，并且把价值一百万的兰陵公主园赏给他。有人议论说："赏赐得过分优厚了。"唐太宗说："我从登基以来，大臣没有敢批评朝政的，这次厚赏孙伏伽，就是为了鼓励大家关心朝政多提意见。"

贞观九年（公元631年），太宗令文武大臣写书面材料评论朝政。有个叫马周的人在中郎将常何家做客。常何本人目不识丁，于是请马周代笔，写出二十条建议。唐太宗看了常何送来的意见，表示非常满意，并且嘉奖了他。常何面红耳赤地说："臣下不会写字，这些意见是我的客人马周代笔的。"太宗立即召见马周，谈话之后，提拔他任监察御史，后来马周还当了宰相。

唐太宗李世民兼听纳谏，不怕批评，择善而从，传为佳话。

不要过分执着

有一个人要离家去异地的艺术学院进修，饯行会上，大家你一言我一语，

不偏不倚，不走极端

都是对她鼓励、勉励、激励，但是，有一个人却语重心长，提出人生四原则。

那个人说："做人要分四步走：第一，坚持；第二，坚持，第三，坚持，第四……放弃。千万千万，要记得。"

长久以来，我们的思维都进入误区了，总觉得执着是好的，坚持是好的，百折不挠是最好的，要想达到目的，这是最有力的"捷径"了：只要执着、坚持、百折不挠，就一定能"1＋1＝2"，奋斗和成功之间可以直接画等号。

其实，这个等式有时候并不适用于所有人和所有事。

有一个女士，她的头发都花白了，脸上皱纹纵横。她告诉大家，自己特别喜欢写作，从十几岁走上文学之路，到现在好几十年的工夫，攒了满满两大箱子的手稿。

她一边说，一边拿出她的一些手稿让大家读。这些手稿大部分纸页都发了黄，她说："等有一天我出了名，这些就都能够发表了。"

但是，她的文章主题并不突出，立意也不新颖，语言更是勉强通顺。

女士一边端详大家的脸色，一边问："行不行？好不好？"

大家也没有别的话好说，只能支支吾吾说："还，还不错。"

她受了鼓励，说："谢谢你们！我会一直坚持下去的！"

这个女士，就是犯了一个过于执着的毛病了。

爱一个事业，爱到全情投入，那敢情好，可是一定要有一丝丝的理智，用来衡量值不值得。

可是，当有人劝她写着怡情可以，不要拿它当事业的时候，她却生气了，说："大家都小看我，你们也小看我！你们怎么就知道我得不了诺贝尔文学奖！"

大家都噎住了。

做人适当地示弱、认输、放弃，并没有什么不好。"坚持"这回事，做到九十九分就可以了，留下一分力气好转身；"执着"这张试卷，答满九十九分也就足够了，留下一分，好回头。为什么非得要百折不挠？

九十九折之后，爬起来，拍拍土，步向另一个方向，既尊重了生命，又善待了生活。

不要过分执着啊，那样，就成了执拗了。

国学启示

舜所以有大智慧，在于他既不自以为是，又善于向人学习。别人的粗浅的言论他也会听，听到不好的话也不去计较，如果听到好的言论他就到处传播，这样光明正大的行为自然会感动人，还有谁不愿意把真实情况告诉他呢？

但是，光听到真实情况还不够，还必须有头脑，善于分析选择，做到不偏不倚、无过无不及，真正恰到好处。

选择好了，还要善于应用，这是一种大智慧。

思考时间

你是一个自以为是的人吗？你能够听得进不同意见吗？

勿被聪明误

国学原味

子曰："人皆曰予知①，驱而纳诸罟擭陷阱之中②，而莫之知辟也③。人皆曰予知，择乎中庸而不能期月守也④。"

词语解释

①予：第一人称代词"我"。知：同"智"。

②纳：落入，掉进去。诸："之于"的合音。罟（gǔ）：捕兽的网。

勿
被
聪
明
误

23

攫（huò）：装有机关的捕兽的木笼。

③辟（bì）：躲避，逃避。

④期（jī）月：一整月。期，一周年，一整月，一昼夜。

句意理解

孔子说："人们都说自己聪明，可是他们被赶进了罗网陷阱里，却不知道怎么才能躲开。人人都说自己聪明，可是选择了中庸之道，却连坚持满一个月都做不到。"

～趣味故事～

渔夫织网

有一个渔夫比较懒，织了一张很小的网出海打鱼，结果什么也没打到。别人就建议他织一张大一点的网。

他接受了教训，就很认真地织了一张大网，带着它出海了。结果你猜怎么着？果然一天就捕到了很多鱼，卖了不少钱，高高兴兴回了家。

他想："我为什么不能织更大的网呢？这样一来，我就可以打到更多的鱼，卖更多的钱，然后买一幢大房子，娶一个好老婆，生两个好娃娃，过别人都过不上的好日子……"

于是，他连续几天都没有出海，而是专心致志在家里织网。织呀，织呀，他织的网越来越大，越来越大，终于，大成了一个巨无霸。

这天，他带着他的巨无霸渔网出海了。海面上风平浪静，海里鱼群聚集，一看就是一个适合打鱼的好日子。嘿，他想，我要发财了！

可是，这张网太大了，他吭哧吭哧地费了好大劲，才把网撒进大海。

接下来，就等着收获喽！

鱼往渔网里越钻越多，终于，他觉得到了收网的时刻。但是，他一拉网，拉不动；再用力一拉，还是拉不动；他咬着牙、瞪着眼、脖子上暴着青筋拼命拉，还是拉不动！不但拉不动，而且鱼群在渔网里挣扎扰动，再加上他拼命用力，小船承受不起，竟然翻了。

他好不容易才把小船正过来，渔网脱落，鱼群逃逸，他一无所获，垂头丧气，空手而归。他想："唉，太贪心了，不是说网织得越大，就能打得鱼越多呀。"

的确。就打鱼来说，网太小了不行，太大了也不行。不能因为自己的欲望大，就想一口吃成个胖子。

心有主人

宋元之际，世道纷乱，好多人阖家逃难，十室九空。学者许衡外出，这天天气十分炎热，他口渴难忍。正巧，路边有棵梨树，行人都去摘梨止渴，只有他，虽然嗓子冒烟，都不肯摘梨。

有人问他："你为什么不摘梨解渴呢？"许衡说："这梨又不是我自己的，我怎么能乱摘呢？"那人笑他太死心眼了："世道这么乱，管它是谁的梨，它已经没有主人了。"

许衡说："梨也许已经没有主人了，但我的心是有主人的呀。"

这个故事让人想起了崔永元的故事。有一次，著名主持人杨澜采访崔永元，问他："你曾经遇到过的最大诱惑是什么？"

崔永元回答说："钱。有人让我给楼盘剪彩，最高价开到了一剪子50万元。"

勿被聪明误

25

杨澜又问："那你为什么不去呢？"

崔永元回答说："我觉得我抵制不住。我是没法抵制自己的一个人。所以我想，一旦我爱上了剪彩之后，谁都拦不住我。唯一的办法就是别去碰它，别沾这个事。"

的确。人要善于控制自己的贪念，否则会堕入深渊。就像一只老鼠，它意外地掉进一个半满的米缸。这白花花的大米呀，它想，我要吃个饱再走。于是，它就真的吃了个肚皮圆圆。

但是，它又想：只吃一顿不够，我要再吃一顿再走。主人家不会发现我的。于是，它继续吃了个饱肚圆圆。

但是，它又想吃第三顿、第四顿……终于，它把这半缸米都吃空了，自己也吃得膘肥体壮，行动迟缓，困在大缸里出不来。主人家有一天发现了它，把它轻而易举就捉出来打死了。

它的贪婪害了自己。

国学启示

有的人自以为聪明，或是特别喜欢走极端，不知道适可而止；有的人胆小、畏缩，该前进的时候不前进。这些都不符合中庸之道。所以他们就会自陷罗网，却不知道原因在哪里。那些选择中庸为立身之道的人，却又有人虽然知道适可而止的好处，却架不住欲壑难填，好胜、攀比心切，结果是误入歧途，越走越远，无法做到持守。因此，大道理明白之后，还要在行动上坚持才行。

思考时间

1.你有过想要一口吃成个胖子的情况吗？说说看。

2.你有没有犯过贪念？悄悄地说给自己听。

美德驻心中

国学原味

子曰："回之为人也①，择乎中庸，得一善②，则拳拳服膺而弗失之矣③。"

词语解释

①回：指孔子的弟子颜回，字子渊，因此也称颜渊。鲁国人，尊称复圣颜子，春秋末期鲁国思想家，孔门七十二贤之首。

②善：好，指好的思想，好的行为，好的语言等。

③拳拳：认真小心地奉持。服膺（yīng）：牢牢地记在心里。服，放置的意思。膺，胸口。弗：不。

句意理解

孔子说："颜回的处世为人，是既然已经选择了中庸之道，得到了这样一种特别好的规则、道理，他就会牢牢地记在心里，绝不会再丢掉它。"

~趣味故事~

颜回拾金

孔子收下颜回这个学生的时候，颜回才十来岁，矮矮瘦瘦的，衣着破

破烂烂。孔子发现颜回是这些学生里最穷的一个，也是最用功的一个。

他的父母每天劳作不休，中午都不回家吃饭，他的母亲就在早晨给他煮一锅菜汤。等他中午回了家，不管凉热，喝一肚子菜汤。他正是长身体的时候，有时候菜汤喝不饱，他就喝一瓢凉水，然后乐滋滋地跑回去继续上学。

孔子知道了，就夸他贤良："一箪食，一瓢饮，在陋巷，人不堪其忧，回也不改其乐，贤哉回也！"

因为颜回穷，有一阵子，学堂里总是丢东西，有人就说肯定是他偷的。可是，孔子想，颜回也不像是会偷东西的人啊，所以他就想了一个办法：用粗麻布包了一锭金子，麻布里还有一根竹简，上面刻了几个字："天赐颜回一锭金"，然后把它丢在颜回回家的必经之路上。

孔子藏起来，看着颜回一点点走近了，走近了。果然，他发现了这个布包，并且捡起来好奇地看了看，又打开看竹简，检视金子。紧接着，他把这个布包塞到了怀里。

孔子心一沉：这孩子果然有贪念，学堂里的东西说不定真是他偷的。

但是，让他没想到的是，颜回走了两步，站住了，想了想，掏出布包，拿出竹简，用刀笔刻上了几个字，照常把金子和竹简包好，放在路上，走了。

孔子很好奇，等他走远，过去捡起布包打开，竹简的背面多了一行字："外财不富命穷人"。从此，孔子再也不怀疑颜回的品行了，而且总是对他大加褒扬，而颜回也不辜负老师的期望。

这一天，师生聊天，孔子对颜回说："颜回，你过来！你家庭贫困，处境卑贱，为什么不去做官呢？"

颜回回答："我不愿意做官。我有城外的五十亩地，足够供给稠粥；城内的十亩土地，足够穿丝麻；弹琴足以自娱自乐，所学先生的道理足以自己感到快乐。我不愿意做官。"

孔子说："好啊，你的愿望很好！我听说'知足的人，不以利禄自累；审视自得的人，损失而不忧惧；进行内心修养的人，没有官位而不惭愧'。

我诵读这些话已经很久了，现在在颜回身上才看到它，这是我的心得啊！"

丝绸之路

建元二年（公元前139年），汉朝人张骞带着一百多人，从长安出发，拿着本地的土特产，奉汉武帝之命，出使西域。

结果被匈奴扣住了。

河西走廊原来倒是月氏的地盘，月氏被赶走，这里就成了匈奴的地盘。

好多人轮番给张骞做思想工作，让他投降匈奴算了。你想要啥？土地吗？出门去看，哪块儿草场肥沃就赏你哪块。

你想要金银吗？给。

你想要当官吗？你识文断字的，给咱大王直接当机要秘书得了。

结果张骞就是把头摇得像拨浪鼓：不要，不想，不可以，我不干。

大汉才是他的家。

劝不动也打不服，没办法了，匈奴强迫他和一个匈奴女子成了家。

——有了家看你还跑不跑，是不是仍旧心向着汉朝。

就这样，茫茫草原，多了一顶帐篷，张骞和一个异族女人过起了放羊喝羊奶的朴实牧民生活。

他们甚至都有了孩子。

这下子，匈奴王想，你总不会还惦记着你的活，想要往西去吧。

但是，让他没想到的是，几年后，张骞还是逃了。

他的匈奴妻子照常在家里挤奶、照顾小羊羔。儿子在不远处的草原上和狗玩儿。

有人来问张骞在哪里的时候，她就笑笑说，他去打水去了。

美德驻心中

29

她知道自己的汉人丈夫时常梦中惊醒，说梦话的时候永远是他的汉话，虽然他已经学会了匈奴话。他惊醒的时候，就会一个人喝马奶酒，草原上的月亮大大的，映照着一个孤独、清瘦的背影。

她也知道她的丈夫和周围的牧民看起来相处特别融洽，但是，他的眼睛始终忙忙碌碌的，每到转草场的时候，都会认真地把地形记下来：哪里是道路，哪里是牧场，哪边是沙漠，哪边有甘泉，哪边有水井。

她之所以知道，是有一次她替丈夫整理衣物的时候，看见用炭条在粗布上画就的图案。

上面的圈圈点点，条条线线，好像地图啊。

她悄悄地哭了。

所以，当她的族人在和大汉的战争中吃了败仗，人家都一片混乱的时候，她看见丈夫立了一会儿，眼睛里闪着光，拉过一匹马。

她拉着儿子，走过去看着他，他把她拉过来，抱在怀里，轻轻吻在她的额头上。又把儿子举起来，狠狠地往天上一抛，然后猛地接在怀里。儿子尖声大笑。

蓝天丽日，秋风碧草。

他骑上马，身影渐渐被草影淹没，渐渐在她的泪光里模糊了。

张骞带着剩余的几个随从，一路向西。

王命仍在，使命仍在。

他硬生生地在没有人走过的地方，蹚开了一条丝绸之路。

国学启示

作为孔子最好的弟子，颜回好学，"三月不违仁"，仁便是善。而且他在毅力方面有过人之处，能抵抗美食暖衣、宽房大屋、荣华富贵的诱惑，所以才会"一箪食，一瓢饮，在陋巷，人不堪其忧，回也不改其乐"。这说明颜渊不为贫贱所移。

你从颜回的身上看到了哪些美好的品质？你想向他学习什么呢？

中庸之难

国 学 原 味

子曰："天下国家可均也①，爵禄可辞也②，白刃可蹈也③，中庸不可能也。"

词 语 解 释

①天下：指古代天子管辖下的所有地区。国家：指天子分封的诸侯国。均：治理，平定。

②爵禄（jué lù）：指爵位和俸禄。周代时，爵位分公、侯、伯、子、男五等。辞：辞掉，放弃。

③白刃：闪着亮光的快刀。蹈：踩，踏。

句 意 理 解

孔子说："天下和国家都是可以治理平定的，官爵俸禄也是可以辞掉放弃的，锋利的刀刃也能够脚踩着它走过，但是中庸却不容易做到。"

中
庸
之
难

大唐右相李林甫

　　大唐玄宗时期的右相李林甫，性情阴柔，心眼儿多，一路升迁，备受荣宠。

　　自从他上位后，越来越疯狂，为了巩固自己的地位，排除异己，手段异常狠辣。很多大臣被他整死，有很多大臣怕受他迫害，不是自缢就是喝药自杀。

　　有一年，全国考生齐聚长安，参加科考，他是主考官。

　　李林甫怕这些读书人考中了，会揭发他的过错，怎么办呢？他一咬牙，干脆，谁也甭考中了。

　　于是，他兴冲冲上表祝贺，说之所以无人考中，是因为咱们朝廷已经把所有人才都网罗上来了，民间一个人才都没有了，"野无遗贤"！

　　因为害的人太多，李林甫一辈子谨慎小心，睡觉都睁着一只眼。出门要带着一百多人保卫——没办法，他杀的人、冤的人太多，害怕。所以除了尾随保护他的人之外，还要派人提前净街，不光是平民百姓，就是公卿大臣都要回避。

　　他家里的地板都是石头砌的，他家的墙里头都夹着木头板子，因为他怕刺客打地道冒出来，破墙冒出来。

　　他睡觉甚至都不敢一觉到天亮，要在这间屋子睡睡，那间屋子睡睡。他的家里人都不知道他哪天晚上到底会睡在哪里。

　　李林甫刚死不久，就被人诬告他活着时想造反。

　　当时，李林甫还没下葬呢，就被削去官爵，抄没家产。儿子们被除名，

流放岭南、黔中，亲党中有五十余人被贬。玄宗命人把他的棺木劈开，挖出他口内含珠，剥下他的金紫朝服，改用小棺，葬之以庶人之礼。

李林甫张狂一辈子，阴狠一辈子，毒辣一辈子，下场却让人耻笑。

如果他能够有一点中庸之道的精神，也不至于落得这样一个下场。

做人，放得开是本事，收得住，才是更大的本事。

欲望如虎

中庸就是要求人做事不要走极端，说起来容易，却很难做到。

比如说追求物质享受这一方面，人都是有欲望的，想要吃更好的食物，穿更好的衣服，得到更多的爱和关注，得到更大的名气、更大的利益、更高的地位。

像这样的心态无可厚非，但是，如果不知道克制欲望，一味放任，那么就是悲剧了。

比如古代的皇帝，一开始也是生活十分简朴，穿粗布衣服，用竹子做的筷子。

后来，有人巴结皇帝，给了他一双象牙筷子。他很喜欢，就用它吃饭。但是，他看着光洁美丽的象牙筷子，就觉得用来盛饭的粗陶碗很碍眼，于是，就把粗陶碗换成了光洁的细瓷碗。

碗换了，又觉得眼前粗糙的木头桌子很碍眼，于是，就让人把这张桌子也换成名贵的木料做的桌子，还刻上美丽的花纹。

这样一来，又觉得床的木料太粗糙，自己的衣服太粗糙，鞋子太粗糙，住的茅草屋也太粗糙，入目所及，一切都太粗糙了。

怎么办呢？

中庸之难

换！统统换！我是皇帝我说了算！

这样一来，身为皇帝，他就和周围的人变得不一样，看起来更高贵，更漂亮。于是，他就想：既然我是与众不同的，为什么不能有更多的人伺候我呢？

于是，伺候他的人就多了好多。

伺候他的人多了起来，需要的花费也多了起来，他又想：既然这样，为什么不让人们多向我做贡献呢？

于是他就收敛了比别人多得多的财物。

财物多了，就需要更多的人来保护，于是他有了自己的军队。

这样一来，他逐渐就成了脱离人群、高高在上的那个人。

这样一代代地延续下来，每一朝每一代的皇帝都开始觉得自己高高在上，甚至有的皇帝残忍嗜杀，因为觉得别人都是蝼蚁，直到他被蝼蚁推翻、消灭的那一天。

比如夏桀，比如商纣，都是这样重蹈覆辙的。

欲望如虎，如果不加节制，只能被它吞噬，自取灭亡。

国学启示

做人忌张狂，因为张狂背离了中庸之道，既失了人望，又失了本心，最终会以凄惨的结局为生命作结。

但是，做人又很容易张狂，一旦不能克制欲望，就会失去中庸的做人原则。所以中庸是很难的，但是，难，就不去实践了么？

思考时间

1. 李林甫的错误在哪儿？

2. 你能克制你过分享受生活的欲望吗？

君子和不流

国学原味

子路问强①。子曰:"南方之强与? 北方之强与? 抑而强与②? 宽柔以教, 不报无道③, 南方之强也, 君子居之④。衽金革⑤, 死而不厌⑥, 北方之强也, 而强者居之。故君子和而不流⑦, 强哉矫⑧! 中立而不倚, 强哉矫! 国有道, 不变塞焉⑨, 强哉矫! 国无道, 至死不变, 强哉矫!"

词语解释

①子路:孔子的弟子,名仲由,字子路,又字季路,鲁国卞人。"孔门七十二贤"之一。

②抑:还是。而:代词,你。与:疑问语气词。

③报:报复。无道:指强暴的人、蛮横无理的人。

④居:处。

⑤衽(rèn):卧席,这里是躺卧的意思。金:指铁制的兵器。革:指皮革制成的甲盾。

⑥死而不厌:即使是死也在所不惜。

⑦和而不流:虽然性情平和,但是却不随波逐流。

⑧矫(jiǎo):坚强的样子。

⑨塞:不通,这里指的是穷困的境遇。

句意理解

子路问什么是强。孔子说:"你问的是南方的强,还是北方的强? 还

是你认为的强？用宽厚柔和的态度去教导别人，即使别人对我蛮横无理，我也不去报复他，这是南方的强。有这样的强的风范的人，品德高尚。枕着兵器铠甲睡觉，在战场上拼力争杀，死也不怕，这是北方的强。有这样的强的态度的人，勇武好斗。在我看来，品德高尚的人虽然性情和态度柔和，但是却不随波逐流，这才是真强！做人做事能够中正平稳，不偏不倚，这才是真强！国家政治清明的时代，做人坚持方向，不轻易改变，这才是真强！国家政治黑暗的时代，能够坚持操守，死也不会变，这才是真强！"

〰️ 趣味故事 〰️

苏武牧羊

苏武是汉朝人，公元前100年，奉汉武帝之命出使匈奴。

就在苏武完成了出使任务，要返回时，匈奴发生了内乱，苏武一行人受到牵连，被扣留下来。匈奴人要求苏武背叛自己的国家，向匈奴人的单于臣服。

最初，单于派人许给他丰厚的俸禄和很高的官位，却被苏武严词拒绝。

匈奴人见他不吃软的，就给他来硬的。正值严冬，天降大雪，苏武被关进一个露天的大地穴，断粮断水，想让苏武服软。

可是，时间一天天过去了，苏武渴了就吃一把雪，饿了就嚼身上穿的羊皮袄。好些天过去了，苏武又冻又饿，眼看就要死了，仍旧不肯屈服。

单于既敬重苏武的气节，又不想放他回国，就把他从地穴里放出来，然后流放到北海一带，让他去放牧羊群。放牧到什么时候呢？单于说："什么时候这些羊生了羊羔，我就让你回到你的大汉。"

于是，苏武就被单独送到了荒凉的北海边，只有一群羊和他出使匈奴的旌节为伴。

到了这里他才发现，匈奴人给他的全是公羊，这怎么可能生出羊羔呢？也就是说，他要一辈子待在匈奴了。如果按照常人所想：既然回不去大汉，为什么不答应单于在这里当官，而一定要受风霜严寒和孤独寂寞之苦，在这里牧羊呢？

但是苏武却志向不改。他每天拿着这根旌节放羊，仍旧是渴了吃雪，饿了就到处找野果充饥，冷了就抱着羊就地取暖。日复一日，年复一年，代表着大汉的旌节上，做装饰的牦牛尾的毛都掉了，旌节成了一根光秃秃的棍子。他的头发和胡须也都变得花白。

他渐渐地不再有时间概念，日复一日，年复一年，活成了一个野人。

十几年过去了，汉朝和匈奴都发生了翻天覆地的变化。当初下命令囚禁他的匈奴单于已经去世，汉武帝也已经去世。汉武帝的儿子汉昭帝继任皇位。公元前85年，匈奴起了内乱，没有力量再跟汉朝打仗，又派使者要求和好。

君子和不流

37

汉昭帝派出使者，来匈奴要求放回苏武等人，可是匈奴却说苏武已经死了。

汉朝又第二次派使者到匈奴，苏武当初带领的使节团里的一个人找到机会告诉使者，苏武还活着。使者强硬地要求单于放回苏武，单于只得答应了。

当初苏武出使，随从一百多人，这次跟着他回来的只剩了几个人；苏武出使时刚四十岁，如今已经成了老翁。公元前81年，苏武终于回到了长安，百姓都出门迎接，赞颂他的气节。

苏武可以说是一个历经磨难而初心不改的强者典范了。

屈原投江

战国时期，楚国的国君昏庸，致使朝政混乱。楚国大夫屈原很是气愤，屡次劝谏，但是却招来了政敌的仇视。他们天天在楚王面前说屈原的坏话，楚王就把屈原革了职，放逐到湘南。

屈原一腔愤懑，无法排解，到了湘南，天天在汨罗江畔游走。

有一个渔夫遇见了他，就问："这不是楚国的屈大夫吗？您怎么会弄到这般田地呢？"

屈原披头散发地说："许多人都是肮脏的，只有我是干净的；许多人都喝醉了，只有我还清醒。所以我就被赶到这儿来了。"

渔父劝他："既然您觉得别人都是肮脏的，就不该自命清高；既然别人喝醉了，那么您何必独自清醒呢？"

屈原反对他的观点："我听人说过，刚洗完头的人，总要把帽子弹一弹；刚洗过澡的人，总是喜欢掸掸衣上的灰尘。我宁愿跳进江心被鱼吃掉，

也不愿意让自己干净的身子跳到污泥里，弄得一身肮脏。"

于是，他就在公元前278年五月初五那一天，抱着一块大石头，跳到汨罗江里自杀了。

人们知道后，都划船去救，但是哪里有他的踪影。于是，为了免得江中游鱼吃掉他的尸体，大家就用竹筒盛了米，投进江里去喂鱼。后来，人们把盛着米饭的竹筒称为粽子，每年的农历五月初五就成为端午节，在这一天，人们要吃粽子，赛龙舟，以此纪念屈原。

国家政治黑暗，而自己坚守操守，屈原是一个真正的强者。

国学启示

"宽柔以教，不报无道"说的是以宽和、柔顺的态度来教人。有强加的不公命运，接受它，而不报复，这是南方之强。南方风气柔弱，以含忍之力胜人，如老子所主张的，这当然是君子的行为。北方风气刚烈强劲，以强力胜人，勇而好斗，这是强悍者的行为。

思考时间

你认为什么样的人才是真正的强者？你认识这样的强者吗？你的身边有没有这样的强者？

君子循道行

国学原味

子曰："素隐行怪①，后世有述焉②，吾弗为之矣③。君子遵道而行，半途而废，吾弗能已矣④。君子依乎中庸，遁世不见知而不悔⑤，唯圣者能之。"

词语解释

①隐：隐而荒僻。怪：举止怪异。

②述：记述，记载。

③弗（fú）：不。

④已：停止。

⑤遁（dùn）世：指避世隐居。遁，逃避。见知：被人知道。见，被。

句意理解

　　孔子说："有人平时住在隐而荒僻的地方，或者是做些怪诞的事情，后世也会有人记述他，甚至称赞他，但是我是绝不会这样做的。因为这样的人不算君子，君子是按照中庸之道去做事做人。但是按照中庸之道做事做人却坚持不下去，这样的人不算君子。我是坚持中庸，绝不会停止的。真正的君子遵循中庸之道，哪怕他避世隐居，为人所不知，也绝不后悔，这是只有圣人才能做得到的啊。"

~~趣味故事~~

怪人祢（mí）衡

　　曹操要招降刘表，有人建议他请一个名流文士去做说客，这样刘表就肯降了。于是，孔融推荐了祢衡。

　　祢衡来到曹操面前，仰天长叹："天大地大，咋一个人都没有呢！"

　　曹操说："我手底下好几十人，都是当世英雄，你瞎说什么。"

　　祢衡笑了："你手下的这群人物，我最知道他们了：荀彧（yù）能给人吊丧问疾，荀攸（yōu）能替你看坟守墓，程昱（yù）给你当门官，关门闭

户；郭嘉给你说说词，念念赋；张辽能派他来击鼓鸣金，许褚能派他去牧牛放马，乐进能给你取状读招，李典能给你当个传书送檄（xí）的邮差，吕虔凑合着给你磨磨刀铸铸剑，满宠能跟在你身边喝点儿小酒，吃点酒糟；于禁能当长工使唤，搬砖筑墙；徐晃顶多是个屠户，屠猪杀狗……这些人好赖还算个人物，别人更烂泥抹不上墙，都是些衣架、饭囊、酒桶、肉袋！"

曹操怒了："你有什么本事？"

祢衡说："我的本事可大了去了，天文地理，无一不通；三教九流，无所不晓；上可以辅佐你成为尧、舜；下可以和孔子、颜回匹配。我的本事，怎么能和凡夫俗子相提并论。"

曹操手下的人气得要拔剑杀他，曹操制止了，因为怕天下人骂他没有容人的雅量。但是他又不想重用祢衡，就让他当一个敲鼓的鼓吏。

这天，曹操大宴宾客，让祢衡出来敲鼓。他穿着旧衣给敲鼓，曹操两边侍从喝问："怎么不换衣服！"

祢衡干脆把衣裳一脱，光着屁股站在大家面前。曹操呵斥他："庙堂之上，怎么如此无礼？"

祢衡说："欺君罔上才是无礼，我不过是显露父母给的形骸，给大家展示我的清白之躯。"

曹操问："你是清白的，那，谁是污浊的？"

祢衡说："你不识贤愚，是眼浊；不读诗书，是口浊；不纳忠言，是耳浊；不通古今，是身浊；不容诸侯，是腹浊；常怀篡逆，是心浊！我，天下名士，被你给当成一敲鼓的，你想成王霸之业，就这么对待贤人吗？"

曹操气得真想一刀杀了他，幸亏孔融替他求情，才免了一死，曹操派他去劝降刘表，这个任务完成了，就封他当大官。

到了刘表这里，刘表也特别讨厌他，但是也不愿意杀他，怕天下人笑话自己不能容人。于是刘表派他去见一个叫黄祖的人。

黄祖虽然脾气暴躁，但一开始也待祢衡挺不错。

时间一长，祢衡的老毛病又犯了，又开始目空一切。有一次，黄祖请客，祢衡在酒宴上出言不逊；黄祖斥责他，他反过来骂黄祖："死老头！"黄祖生气要打他，更惹得他大骂不止。

黄祖气得要死，干脆下令杀了他。

像祢衡这样的人，也许胸中有才学，但是却因为行事怪诞被杀，他的雄心壮志也没有能够达成。

隐士王冕

王冕是元朝著名画家、诗人、篆刻家。他出身贫寒，七八岁时，父亲叫他在田埂上放牛，他偷偷地跑进学堂，去听学生念书。后来，在母亲的支持下，他离开家，寄住在寺庙里，专心读书。

夜里，他坐在佛像的膝盖上，手里拿着书，就着佛像前面的长明灯的灯光诵读，书声琅琅，一直读到天亮。佛像面目狰狞，令人害怕，王冕却神色安然，视若不见。

他长大后，戴上高高的帽子，披着绿蓑衣，穿着木齿屐，手里提着木头做的剑，引吭高歌，往返于市。也有时骑着黄牛，在牛背上读《汉书》。有人想荐他当一个府吏，他不肯，说："我有田可耕，有书可读，为什么要从早到晚地供人驱使呢？"于是干脆到处游历，观赏名山大川。在这期间，又有人想荐他做官，他也一力推辞。

回到故乡后，他隐居在会稽九里山，种梅千枝，筑茅庐三间，题为"梅花屋"，自号梅花屋主，以卖画为生。每日里弹琴赋诗，饮酒长啸。

朱元璋正带兵征战，听说了他的大名，想请他做官，他仍旧不肯。后来，朱元璋干脆派兵前来，半是邀请，半是强迫，想让他出山帮助自己，

王冕干脆出了家。

王冕明明有当官的机会，但是他并不想在这个乱世里失去自由，附和当政者鱼肉百姓，所以宁可贫困一生，也志向不改。他是一个真正的品行高洁的隐士。

国学启示

有的人把道理讲得玄而又玄，做出各种怪诞行为，这些欺世盗名的做法，根本不合中庸之道的规范，这是圣人所不齿的。有的人虽然走的道路正确，但是走到一半却停下来，这是不及的行为，也是圣人所不欣赏的。唯有持守中庸之道的人，不为名利所诱惑、困扰，这才是圣人所赞赏并身体力行的。

思考时间

你知道王冕这个人吗？他有什么事迹？可以上网查询，或者通过读书找到答案。

大道如行远

国学原味

君子之道费而隐①。夫妇之愚②，可以与知焉③，及其至也④，虽圣人亦有所不知焉。夫妇之不肖，可以能行焉，及其至也，虽圣人亦有所不能焉。天地之大也，人犹有所憾⑤。故君子语大，天下莫能载焉；语小，天下莫能破焉⑥。《诗》云⑦："鸢飞戾天⑧，鱼跃于渊⑨。"言其上下察也⑩。君子之道，造端乎夫妇⑪，及其至也，察乎天地。

词语解释

①费：广大。隐：精微。

②夫妇：不是婚姻意义上的"夫妇"，夫指男人，妇指女人，夫妇，就是普通的男人女人。

③与：给予。

④至：极致，最精妙的地方。

⑤憾：遗憾、缺失、不满。

⑥破：分剖，分开。

⑦《诗》云：《诗》指代《诗经》。此诗引自《诗经·大雅·旱麓》。

⑧鸢（yuān）：鹰。戾：到达。

⑨渊：深水。

⑩察：一指明察，一指明明白白的。

⑪造端：开始。

句意理解

君子坚守的道，用途十分广大，同时存在状态又精妙到毫末之微。一般来说，普通的男男女女，也是可以知道"道"的存在的；不过，"道"到了最精微的境界，就算是圣人也有弄不清的地方。普通的男男女女虽然不够贤明，他们也是可以实行君子之道的；不过，"道"到了最精妙的境界，就算是圣人，也一样有做不到的地方。天地如此广大，可是人们对于天地仍旧觉得不够满意。所以，君子说到"大"，那就大得整个天下都装不下；君子说到"小"，那就小得一点儿也分不开。《诗经》里说："老鹰飞向天空，鱼儿跃入深渊。"这是说君子之道就像是鹰飞鱼跃，无论是向上，还是向下，都明明白白。君子的道，可以从普通人能懂能行的地方开始；不过，到了最高深精妙的境界的时候，却能够明察天地。

细菌的世界

假如天上真的有神仙，假如神仙真的朝下看，那么，也许他什么都看不到，就像我们感觉不到自己身体内的细菌在干什么。

也许我们的身体里，细菌们川流不息。有的赶着回家，有的路边杀棋："将！你死了！"有的摆摊卖菜："新鲜的小葱嘞，一块钱一斤""茄子、黄瓜、西葫芦……"

可是，它们什么时候变得这么先进了？飞机大炮有了，钢筋水泥有了，几百层的摩天大楼都竖起来了。好像半个小时前，细菌们还在围兽皮、打兔子、吃野果嘛！

天晓得，我们打一个盹，我们的身体里的细菌就长成单细胞植物了；再打一个盹，蕨类植物出现了；再打一个盹，海里居然连鲨鱼都有了；再打一个盹，猴子变成人了；再打一个盹，这些叫作"人"的家伙居然越繁殖越多；再打一个盹呢？我的天！已经有细菌开始写诗歌。

我们的身体里有高楼大厦，也有茅屋危房，有的细菌当了大官，底下一大票细菌山呼膜拜，并且上万言书，一边歌它的功，颂它的德，一边坚持要它承认，它就是这个世界的天，这个世界的地，它在这个世界至高无上。

有些细菌志向高远，不爱当官，在我们的身体里吟赏烟霞，栽树种花：桃树、杏树、梨树，菊花、梅花、海棠花。

它们太繁荣了，所以每个血管里都住着一个国家。它们开工厂，把我们的血液污染了，它们打仗，把我们的器官破坏了，它们大量使用空调冰箱，于是连我们的脑瓜也出现臭氧空洞，让我们一阵阵头晕。我们身体里

大道如行远

45

的冰山正在渐渐融化，那些小海豹们没有了家。不知道有多少枚原子弹散落在我们的身体里面，一旦引爆，它们的世界将不复存在，我们也不复存在——可是它们却根本不在乎。

我们上班下班，回家吃饭，我们身体里的细菌也上班下班，回家吃饭。我们打个喷嚏，于它们就是火山爆发。我们一次咳嗽，它们整个世界都响起轰隆隆的雷声。我们要是哭呢？它们的世界就哗哗地下起了大雨。我们踩着香蕉皮，"啪喳"摔一个跟头，它们那里就是7.8级的大地震。

也许在它们的身体里，也同样生活着一个细菌的王国吧。

——世界的"大"和"小"，实在是很奥妙的事情啊。

鲲鹏和蓬雀

传说，遥远的古代，大地以草木为毛发。而遥远的北方气候异常寒冷，草木不生，于是人们把那个地方叫"穷发"。

穷发有一片大海，海域极其辽阔，极其广大。海里生活着一条鱼，它的身体的宽度有几千里，如果身体伸展开，那有多长呢？谁也说不清楚。这条鱼有一个名字，叫"鲲"。

有一天，这条大鱼跃上天去，变成了飞鸟。这只鸟高高隆起的脊背之高大，堪比泰山；它的双翅一展，就像云彩从天上垂挂下来，把半个天空都能遮住。这只鸟也有一个名字，叫"鹏"。

大鹏鸟想要从北海飞到南海，它的两个巨大的翅膀那么一扇，就形成了一股飓风，盘旋着，直直冲上天空！它乘着风直飞到距离地面足有九万里的高空，连云气都达不到那样的高度。它的脊背几乎是紧紧地靠着青天，然后就要准备动身。

这个时候，有一群小小的蓬雀，它们本来在地面上一片低矮的灌木丛中活动，成天呼朋引伴，叽叽喳喳，说些家长里短的闲话。当这些小鸟知道大鹏鸟一口气上飞高空九万里，想要从北海飞到南海，就议论说："这只大鹏鸟真是发了疯了。它干嘛要飞那么高？要去那么远？看咱们，"一边说着，一只蓬雀就从这枝树枝跳到了旁边的树枝上，"咱们往上一蹦，不过几丈高；咱们在树丛里飞来飞去，也挺好。真心不知道这只奇怪的大鹏鸟要搞什么！"

所以说，凡夫俗子不能理解壮志凌云，"小"和"大"的鸿沟，还真是不好填平啊。

国学启示

"道"是普遍存在的真理，像空气一样存在，根本无法用大小来衡量它，因为它大起来，所有的事物都被它包蕴在内；它小起来，又包蕴在所有的事物之中。但"道"的道理却是隐微而不显明的，所以即使是圣人，也有他不知道和做不到的事情。

"道"要从普通男女间最基本的人伦开始，直到它能够充溢整个天地。

思考时间

1.在你学到的科学知识里，你认为什么是大的，什么是小的？大的越大越好，小的越小越好。

2.在"新冠肺炎"的疫情中，你还知道哪些让你感动的人和事？说出两三例。

大道如行远

正确面对大义

子曰:"道不远人。人之为道而远人,不可以为道。《诗》云①:'伐柯伐柯②,其则不远③。'执柯以伐柯,睨而视之④,犹以为远。故君子以人治人⑤,改而止。忠恕违道不远⑥,施诸己而不愿,亦勿施于人。君子之道四,丘未能一焉:所求乎子,以事父,未能也;所求乎臣,以事君,未能也;所求乎弟,以事兄,未能也;所求乎朋友,先施之,未能也。庸德之行⑦,庸言之谨⑧,有所不足,不敢不勉,有余不敢尽。言顾行,行顾言,君子胡不慥慥尔⑨!"

词语解释

①《诗》云:此诗引自《诗经·豳风·伐柯》。

②伐柯:伐,砍伐,砍削。柯,斧柄。

③则:法则。这里指斧柄的样式。

④睨(nì):斜眼看。

⑤以人治人:以人固有之道来治理人。

⑥违:乖离。

⑦庸德:平常的道德。

⑧庸言:平常的言语。

⑨胡:何,怎么。慥慥(zào):忠厚诚实的样子。

句意理解

孔子说:"道离人不远。人实行道的时候,却离得人们远远的,那道就

实行不了了。《诗经·豳风·伐柯》说：'砍削斧柄，砍削斧柄，斧柄的式样就在眼前。'你手里握着斧柄，然后用它去砍削树木来做斧柄，有式样在前，照理说是不会有什么差错的；但是，如果你斜着眼睛去看，看到的斧柄就会变形，做出来也就会差异很大。所以君子治理人的时候，要根据做人的道理，只要普通人能改正错误，实行道，这样就可以了。一个人能够做到忠恕，那就离道不远了。什么叫忠恕呢？就是你自己不愿意做的事，就不要强行命令别人去做。君子的道有四项，我孔丘一项也没有做到：用我所要求儿子侍奉父亲的标准来孝顺父亲，我没有能够做到；用我要求的臣下服侍君王的标准来尽忠报国，我没有能够做到；用我所要求的弟弟对哥哥做到的恭敬和顺，我没有能够做到；用我所要求朋友先做到的，我没有能够做到。像这样平常的道德规范我都没能做到，像这样谨慎平常的言论我也没有能够做到，我的不足之处还有很多，怎么能不努力，言谈要留有余地，不说过头的话。说话要和行为相符，行为要和言论相符，言行一致，能做到这样的君子，怎么能是不忠厚诚实的人呢！"

꧁ᬓᬛᬓ 趣味故事 ᬓᬛᬓ꧂

错了要允许别人去改

有一个学生，上初中的时候，家里贫穷，羡慕别的孩子有名牌的运动服，就把人家刚洗过的一件偷过来穿在身上，却被逮个正着。他的劣迹被广泛传播，一直跟到他上了高中还不停歇。

于是，他的高中室友不能容忍这样的"败类"和他们同住。他们把他的皮鞋割破，在刚打的饭菜里吐上口水，衣服刚洗好就给扔进厕所，扫出

来的垃圾堆到他的床上……

他终于忍无可忍，抢起了拳头。他们干脆一哄而上，把他狠狠教训了一顿。事情闹到了教导处，班主任也很为难。

然后，另外一个宿舍的同学开口了："老师，让他跟我一起住吧。我们宿舍有空床，我和我的舍友也不会嫌弃他。"

他惊讶地扭头看，碰上的是一双平静、坦率的眼睛。

"行吗？"班主任问他。

他迟疑一刻："好……吧。"

于是，他以后的日子过得平静快乐，和那几个新室友在操场上打打闹闹，和他们一起吃饭、一起上课、一起做作业，他的成绩像吃了魔药，噌噌朝上涨，半年的工夫，从后十名爬到前十名；一年的工夫，又从前十名爬到第一名。到高三毕业，他已经凭着全年级第一的实力，打起铺盖，向名牌大学进军了。

他从大学写信给班主任：

"老师，其实刚开始我一直想退学，觉得学校不适合我，每一分每一秒都是煎熬。你不了解情况，同学们又因为'那件事情'敌视我，我也想学习，可是老是心里长草，毛乎乎的。打那一架之后，幸亏我调换了宿舍，有了新朋友，也有了新结果。要不然，真不敢想象我会怎么个下场……"

很多时候，误入歧途并不意味着不能回头，让浪子不能回头的，是一颗颗冰冷的、不肯信任的心。能够允许人改正错误，这才是实行了忠恕之道啊。

教鞭的惩罚

王老师的班上，有一个叫明明的同学，家境不太好，学习也不努力，

不肯交作业，上课经常睡觉，下课惹是生非。为了他，王老师伤透了脑筋。有一次，明明爸爸给他送东西，衣服破旧，行动不便。他的爸爸对老师说，明明是他们全家的希望，哪怕全家人都吃不好穿不好，也希望能够把明明的生活安排好，将来考上一个好的大学。

王老师把明明叫到办公室，掰开揉碎地给他讲，又转述了爸爸的话。明明听了，大声哭泣，向老师保证不再犯错误，一定要努力学习，将来用好成绩回报父母。

王老师很欣慰。但是，第二天，就有课代表报告明明在课堂上睡觉，第三天又有老师说明明又没交作业。王老师很失望：这个明明，怎么能这么说话不算话呢……

无独有偶，她的班上还有一个叫亮亮的学生。月考过后，成绩还没有出来，亮亮当着全班同学的面，说："我能考一百分。如果考不到一百分，那我就差一分挨十教鞭。"

这样一来，所有人都关注着他的成绩。当最终成绩下来的时候，亮亮得了95分，这下完了，他可是要挨五十鞭啊！

所以，他就来到王老师的办公室，吞吞吐吐地给自己说情："老师，能不能少罚我几鞭啊？"

老师说："老师没想着罚你，可是这是你自己说出来的惩罚措施啊。如果你反悔了，就是言行不一，同学们会怎么看待你呢？你又会怎么看待你自己呢？"

亮亮想了想，说："算了，老师，还是罚吧。我不想当一个言行不一致的人。"

于是，第二天课间，当着所有同学的面，亮亮接受了惩罚：王老师把教鞭递给他，他自己给自己实施了惩罚。好在大冬天的，衣服穿得厚，也不会受伤，但是声音是很响亮的。同学们刚开始还计着数，后来就不忍心了，硬拦住了他，提出一个折中的方案，让他帮值日组打扫教室，来折抵

剩下的惩罚。

　　而且，王老师还给他写了一封表扬信，专门表扬他敢于承担后果的精神。当然，也希望他能够在说话之前要慎重，想要做一个言行一致的君子，可不能随口就说大话。

国学启示

　　君子只是从人具有的本性出发，教化人，能改正错误就可以了。道是"忠恕"，它要求设身处地、将心比心地为他人着想：自己不愿意的事，那么也就不要施加给他人。为人要先严格要求自己，从各方面反省自己，从日常身边的言行做起，做到言行一致。

思考时间

　　1.你犯过错误吗？如果犯过错误，你希望别人怎么对待犯了错误的你？如果没有犯过错误，你会怎么对待犯了错误的人？

　　2.你说过大话吗？有过言行不一致的情况吗？

守正驰天下

国学原味

　　君子素其位而行①，不愿乎其外②。素富贵，行乎富贵；素贫贱，行乎贫贱；素夷狄③，行乎夷狄；素患难，行乎患难，君子无入而不自得焉④。在上位，不陵下⑤；在下位，不援上⑥。正己而不求于人，则无怨。上不怨天，下不尤人⑦。故君子居易以俟命⑧，小人行险以侥幸⑨。子曰："射有似乎君子⑩，失诸正鹄⑪，反求诸其身。"

词语解释

① 素：现在所在。

② 愿：羡慕。

③ 夷：指东方的部族。狄（dí）：指西方的部族。泛指当时的少数民族。

④ 无入：无论处于什么情况下。

⑤ 陵：欺侮。

⑥ 援：攀缘，巴结，投靠。

⑦ 尤：抱怨。

⑧ 居易：处于平易安全的境地，就是安居现状。俟（sì）命：等待天命。

⑨ 行险：举动冒险。

⑩ 射：指射箭。

⑪ 正鹄（gǔ）：指箭靶子中心的圆圈。画在布上的叫正，画在皮上的叫鹄。

句意理解

　　君子安于现在所处的地位，去做现在应当做的事，而不是巴高望上，或者美慕别人。处在富贵的地位，就做富贵之人该做的事；处于贫贱的地位，就做贫贱之人该做的事；如果处于夷狄所在，那就做夷狄该做的事；身处患难，那就做在患难之中该做的事，君子无论处于什么情况，都心境平和，安然自得。身居高位，不欺侮地位低的人；身居下位，不巴结地位高的人。端正自己，而不是看不惯别人，或者苛求别人，这样就不会起抱怨之心并宣之于口了。上不埋怨老天爷，下不埋怨其他的人。所以，君子是能够安居现状来等待天命眷顾的，小人却会铤而走险，去妄求非分之物。孔子说："君子立身处世就像射箭一样，如果射不中靶子，那么不会埋怨别人，而是回过头来寻找自身的不足。"

守正驰天下

53

渔夫的妻子

《格林童话》里，有一个这样的故事，讲的是一个渔夫很穷，和妻子住在海边一个小破房子里，妻子穿得破破烂烂的。渔夫每天打鱼，妻子也要整天做家务。

这天，渔夫钓上来一条有神通的鱼，这条鱼恳求他放了自己，并且说作为酬劳，自己可以满足他的愿望。

渔夫很厚道，就把它直接放生了，也没有跟它要什么酬劳。

但是，当他回去后，妻子却骂了他一顿，说他傻，逼着他回到岸边，呼唤那条鱼，让它给他们一座漂亮的小别墅。

丈夫不太愿意去，但是仍旧去了，向这条鱼表达了妻子的愿望。当他回去的时候，发现自己家的小破屋不见了，取而代之的，真的是一座漂亮的小别墅。

不用说别墅里有客厅、卧室、厨房，而且还有一个长满了蔬果的小院子，里面还养着鸡鸭哩。

这下子，妻子很满意了。他们就快快乐乐地生活了一阵子。

但是，妻子的满意度过了一两个星期就已经降到零了，现在她再看这座别墅，就觉得房子太小了，院子也太小了，本来那条鱼可以给他们更大更好的酬劳的，他们只要了一座别墅，太亏了！

于是，她又逼着丈夫去海边向鱼重新提要求，让它送他们一座宫殿。

心情沉重的渔夫去了海边，海水已经混浊不清了。他向鱼陈述了妻子的想法，当他回去后，发现家的位置，现在正矗立着一座石头宫殿，又大

又豪华，里面有那么多的仆人为他们服务，到处都金碧辉煌；原本的小院子现在也被美丽的大花园取代。

他想，妻子这下子一定会满意的。

让他没想到的是，妻子这次的满意只持续到了第二天早晨，然后她就捅醒了丈夫，让他去向鱼提出新的要求。这下子，她说，我们要当国王！

渔夫吓坏了："老婆，咱们干吗要当什么国王呢？我可不想当什么国王。"

妻子说："你不想当，我想当，快去！"

于是渔夫只好再一次来到了海边，这时，海水变黑了，波涛汹涌，而且还散发着恶臭。

渔夫向鱼提出了妻子的要求，而鱼再一次实现了她的愿望。

当他回去的时候，发现宫殿更大了，侍卫更多了，既有士兵保护，又有乐队奏乐，宫殿里一切都奢华无比。妻子坐在宝座上，头戴王冠，手握王杖，两边有宫女随侍。

他想，这下子，妻子一定会满意的，她一定不会提出别的要求了。

但是，让他没想到的是，妻子这次根本没有满意，她直接烦躁不安地说："你去告诉那条鱼，我不要当国王了，我要当皇帝。"

当渔夫走到海边，海水变得像墨汁一样，翻腾不休，泡沫飞溅，风呼呼地刮着，像是大海发怒一样，让人心惊胆战。但是，他又无法违逆国王老婆的意志，只好向鱼表达了她的愿望。

于是，当他再次回去的时候，妻子真的已经当上皇帝啦。她的皇帝宝座是用一整块金子造的，宫殿里到处都是纯金的装饰，那些达官贵人像奴才一样奉承着她，而她坐在高高的宝座上，头戴高高的纯金王冠，神情却呆呆的。

一见他回来，不等他说两句话，她就让他回去找鱼，说她要当教皇。

渔夫被老婆的要求搞得没脾气，知道再反抗也没用，只好再次回到了海边。

守正驰天下

55

而此时，海岸边，高山上，狂风呼呼地刮着，乌云翻滚，天地间一片昏黑。海水汹涌澎湃，海里的船只动荡不休，不停地发出求救的信号。

但是他没办法，只好向鱼提出了妻子的要求。

而鱼也答应了。

当他回去后，发现妻子真的当上了俗世最高地位的教皇。一座大教堂被几座宫殿围绕着，人们纷纷地进入教堂，向着教皇顶礼膜拜。天底下所有的国王和皇帝都跪下来吻她的鞋子。

然后，渔夫的妻子却坐在那里，一动不动。

渔夫说："老婆，这下子你肯定满意了吧？这已经是天底下最厉害的人物啦。"

确实，渔夫的妻子也没办法再找到比这更高的地位了，虽然她仍旧不高兴，但是也上床睡觉去了。

谁想到，第二天，她又有了新的主意。在这个世界上，她已经是至高无上的了，但是，她却无法控制太阳和月亮的运行。不行，她一定要让太阳和月亮也听她的话！

于是，她把这个异想天开的念头告诉了渔夫，逼他立刻去找那条鱼。

渔夫唉声叹气地去了，他甚至都无法走到海边了，因为外边刮起了狂风，到处都是房倒屋塌，大树被连根拔起，高高的山峰也被吹得颤抖起来，岩石滚落，砸进大海里，砸起倾天的波涛。天空电闪雷鸣，整个世界一片漆黑，大海掀起黑色的如山巨浪。

他面对着大海，声嘶力竭地陈述着妻子的愿望。这个时候，鱼出现了，它说："你回去吧，你的妻子又重新住进了那间破房子里。"

确实，当他回去后，发现他的妻子一身破破烂烂的，坐在原来的那座破房子里，面前是一只破破烂烂的洗衣盆。

这个故事告诉我们，人的心里有着贪婪的欲望，如果不能用清醒的理智去约束的话，就会被欲望吞噬，最终变得一无所有。

中国传统文化中"中庸"的道理，其实就是在让我们用理智约束欲望，这个过程虽然非常艰难，但是十分必要。

梓庆鬼斧神工

春秋时，有一个木匠，叫梓庆，他的技艺十分高超。这天，他做了一把木头锯子，从来没有人能够把锯子做得这么漂亮，见过它的人都叹为观止。

大家不相信这是梓庆做的，觉得是鬼神做出来的。

鲁国国君听说后，也跑来欣赏。一见之下，他也不相信人能做出这样奇妙的东西，于是就问梓庆："你是不是会法术？这把锯子是不是用法术做成的？"

梓庆说："大王，我不过是一个普通人，怎么会法术呢？"

鲁国国君不相信，说你现在给我说说吧，你是怎么做出来的？

梓庆回答："做这把锯子之前，我先养神静气，斋戒三天，这样才能够内心平静。在这三天里，我要让自己摒弃对荣华富贵的渴求；然后再斋戒五天，来使自己去掉杂念，忘掉技巧；接着再斋戒七天，这时我已经忘记了自己的存在，已经能做到'不以物喜'。我的眼中已没有朝廷和家庭的概念，外界再没有任何东西能够影响我的技艺了。

斋戒过后，我会去森林中寻找制作锯子的原料。我特别仔细地观察，来选择与锯子外形最匹配的树木。这时我已经对锯子的样子成竹在胸，只要选好木料，锯子也差不多完成了，只需要加工就可以了。

其实，我做任何木器，都要经过这样一个过程。我想这大概就是制作出来的木器好像神工鬼斧制作的原因吧。我是以一颗纯真的心，加上木料的自然天性，制作出精巧的木器来的。"

守正驰天下

鲁国国君听完，恍然大悟。

这个故事来源于《庄子》，它告诉我们，做事要努力认真，才能达到很高的成就。如果达不到很高的成就的话，也不要怨天尤人，而要从自身找原因。

国学启示

一个人生下来，会具备许多先天条件，这些是自己无法安排的。比如，既可能生在富贵乡，也可能生在贫贱寒门，无论条件怎么样，既不抱怨别人，也不抱怨身处的客观环境，只是一如既往地认真做事，本分做人，这才符合中庸之道的原则。

思考时间

1.为什么渔夫的妻子又变得贫穷？如果是你，你能够克制日益上涨的欲望吗？

2.如果你事情没有做好，是寻找自身原因，还是推给外界因素呢？

从基本做起

国学原味

君子之道，辟如行远必自迩①，辟如登高必自卑②。《诗》曰③："妻子好合④，如鼓瑟琴⑤。兄弟既翕⑥，和乐且耽⑦。宜尔室家⑧，乐尔妻帑⑨。"子曰："父母其顺矣乎！"

词语解释

①辟：同"譬"。自：从。迩：近。自迩：从近处。

②自：从。卑：低处。自卑：从低处。

③《诗》曰：此诗引自《诗经·小雅·常棣》。

④好合：和睦。

⑤鼓：动词，弹奏。

⑥翕（xī）：和顺，融洽。

⑦耽（dān）：《诗经》原作"湛"，安乐。

⑧宜：安。

⑨帑（nú）：同"孥"，儿子。

句意理解

　　君子实行中庸之道，就像要走远路一样，一定要从近处，从脚下开始；就像登高山一样，必定要从低处起步，一步步向上攀登。《诗经·小雅·常棣》说："和妻子和和睦睦，就像弹琴鼓瑟一样，节奏合拍；兄弟关系融洽，和和顺顺又快快乐乐。（实行中庸之道就是这样）能够使你的家庭美满，使你的妻儿幸福。"孔子赞叹说："这样，父母也就称心如意了！"

趣味故事

千里之行，始于足下

　　小宇正在读高中，因为成绩不好，不想上学了。他想：这么多书，什么时候才能看得完？这么多知识，什么时候才能学得会？既然怎么都看不完、学不会，还不如干脆不学。

　　于是他就自作主张地回了家。

　　他的父亲是个农民，听了他的想法，也没有打他骂他，只是让他先好

从基本做起

59

好休息。

小宇终于不用早起读书了，他一觉睡到大天亮。起床后，到外面一看，惊呆了。

农村的房屋，有好多都是房前建着猪圈的，自家的圈里养着一头大肥猪，每隔一个月起一次粪，施到田里。父亲一大早起床，不声不响地快把整圈粪起完了，旁边堆得高高的。父亲在猪圈里穿着大雨靴，强健的胳膊挥舞着粪叉，还在一叉一叉地往上送。

他赶紧一边跑过去想接手，一边埋怨："爹你怎么不叫我。"

他父亲一边起着粪一边说："这点活儿叫你干什么，我起个大早就干完了。"

果然，说着话，三叉两叉的工夫，粪就起好了。父亲上来，洗手，洗脚，母亲端上干粮稀粥，一家人在院里团团坐着吃饭。

在饭桌上，父亲指点着院外那堆粪说，你看着它，想到什么？

他有点纳闷。

父亲说："你看，这堆粪，是一个年轻小伙子干起来都吃力的活，我居然能把它起得又快又好，这是为什么？我干活不惜力，耕种锄耙犁耧点播，样样努力，样样上手，结果养就了这么一副好身板。这劲儿都是练出来的。现在你觉得累，觉得苦，可是，越练越顺手，活越干越有劲，总有你觉得不累不苦的一天，而且你长期用功，哪能没有回报呢？你说呢？"

他明白了，原来父亲是拿自己的亲身经历来教育自己不要怕吃苦，不要怕漫长的辛苦和寂寞，总有一天，生活会给予自己回报。

沙漠里有一种茅尖草，这种草，地面上的茎叶只有一寸，地底下的根系却深达二十八米，平时枯干成一团，软趴趴地趴在地面，一旦雨季来临，它就凭着深长的根系迅速生长，然后迅速变成沙漠里长得最高的一种草，迎着太阳和天空舞蹈。

他想，他明白该怎么做了。千里之行始于足下，总想着一飞冲天、一鸣惊人，这样是不对的。

一屋不扫，何以扫天下

东汉时，有一个少年叫陈蕃。他自己住一个房间，却不收拾，搞得屋内肮脏凌乱。

他父亲的朋友叫薛勤，看不过去，批评他为什么不把房间打扫干净，这样才能好好地迎接宾客。

陈蕃说："我是一个大丈夫，我的志向是要扫除天下，你怎么能让我去打扫这么一间小屋子？"

薛勤反驳道："一间屋子你都不肯好好打扫，还说什么扫天下的话？"

这就是"一屋不扫，何以扫天下"的成语的由来。

志向再大，也要一步一步地来，好高骛远是不能成事的。

张三和李四都是一家店铺的伙计，但是张三后来却做到了主管的位置，李四仍旧只是一个小伙计。

李四到老板那里抗议，老板没说什么，只是让他到集市上看一看，今天早晨都有什么东西在卖。

一会儿工夫，李四就回来了，说："一个农民拉了一车土豆在卖。"

"有多少？"老板问。

李四赶紧又跑到集上问了，回来告诉老板："一共四十袋。"

"价格怎么样？"老板继续问。

"您没有叫我打听价格啊。"李四委屈地说。

"好吧。"老板让他坐下来，别说话。然后，老板把张三叫过来，说："你去集市上，看看今天早上有什么卖的。"

张三很快从集市上回来，向老板汇报："今天集市上只有一个农民在卖土豆，一共四十袋，价格是两毛五分钱一斤。我还带回来一个样品，请您

从基本做起

61

看看买不买。"

他一边说，一边把土豆拿出来，接着说："我想，土豆这么便宜，大家肯定都抢着买。所以我把卖土豆的人也带来了，现在正等在外面呢。"

老板让张三出去，然后转回头问李四："现在，你知道为什么张三能当主管了吧？"

有很高的目标，却不踏踏实实地做事，怎么能达到这个目标呢？

国学启示

中庸其实就是很平常的道理，它就融合在人们的日常生活之中。一切从自己做起，从自己身边的小事做起，从近到远，由低到高，一步一步，踏踏实实地走下去，就可以达到中庸的至高境界了。

思考时间

你的学习有没有计划？试着列出一个表格来。

君子之道

国学原味

子曰："鬼神之为德，其盛矣乎！视之而弗见①，听之而弗闻，体物而不可遗②。使天下之人，齐明盛服③，以承祭祀。洋洋乎④！如在其上，如在其左右。《诗》曰⑤：'神之格思⑥，不可度思⑦，矧可射思⑧？'夫微之显⑨，诚之不可掩如此夫⑩！"

词语解释

①弗：不。弗见：不能看见。

②体物：体察万物。

③齐：同"斋"，斋戒。

④洋洋乎：像水一样流动，丰沛充满。

⑤《诗》曰：此诗引自《诗经·大雅·抑》。

⑥格思：来临。思，语气词。

⑦度（duó）：揣度。

⑧矧（shěn）：况且。

⑨微之显：既隐微又明显。

⑩掩：掩盖，遮掩。

句意理解

　　孔子说："鬼神的功德可是大得很啊！虽然看也看不见，听也听不到，但它的功德却体现在万物上面，一点都不会有所遗漏。如果能够使天下的人都斋戒净心，穿上庄重整齐的服装，来祭祀鬼神。这时鬼神的形象就会到处都在，好像就在你的头上，好像就在你的左右。《诗经·大雅·抑》说：'神的降临，不可测度，怎么能够怠慢不敬呢？'鬼神从隐微难见到功德显著，就是这样的真实无妄，不可掩盖！"

趣味故事

杜甫铮铮铁骨，一腔热血

　　安史之乱爆发后，大唐一片混乱，到处刀光剑影。大家纷纷逃难。杜甫也带着家人一路颠沛流离，好不容易才在一个荒村安家。把家人安顿好

后，他又孤身一人上路，逆着逃难的人流，要到长安勤王。

结果唐玄宗逃到西蜀，太子李亨在灵武即位，史称唐肃宗。而长安已经被胡人占了，他也被胡人抓了起来。

至德二年（757年）正月，安禄山被他的儿子安庆绪杀掉，安庆绪在洛阳自称皇帝。

二月，肃宗迁都凤翔。

许多沦陷在长安的人设法走出长安，逃往凤翔。

杜甫瞅了个机会，溜出了长安，直奔凤翔。

杜甫出城，努力稳着步子，踉跄咳喘，摆出一副行将就木的死样子，好像下一刻就要变成路倒尸。任谁看见他削瘦蜡黄，眼窝深陷，破衣烂衫，也不会想到他要逃亡，只当他是出城挖野菜。

出城只是一小关，穿过了敌占区，还要横穿前线。

当时安守忠和李归仁带一股胡人从河东打到长安的西边，屯兵清渠，和滻桥的郭子仪军队两军相持。

他遇山爬山，能走小路不走大路，小路都没有了，就在榛莽荒林里闷头往前钻。脚底下没有力气，咔嚓摔一下子，爬起来拂拂磕青的地方，继续跌跌撞撞，踉踉跄跄。

天热起来了，蝉声吱吱地唱。路边有一条小河沟，水底铺着暗绿的水藻，水里还有寸许的小鱼。他真是渴极了，也不顾水干不干净，直接扑过去用手捧着喝了个痛快。

肚皮用水胀了个滚肚溜圆，他舒服地打了个嗝，又捧起水洗掉了一路黄尘，露出一张黑黄的脸，头发乱蓬蓬，胡须也卷曲缭乱，像个野人一样。

抬头去望，面前这个矮矮的土城就是凤翔。

他想：我是杜甫，我来投奔明主。

这时候，看看自己的形象吧：衣裳都破了，腿上露着大洞的地方用麻绳绑着。两个胳膊肘的袖子也磨烂了。赤脚着麻鞋，脚刚才虽已洗净，但

是厚茧洗不掉，黑黄的皮肤洗不白。

他就这副样子见到了皇帝，皇帝接见了他，任命他为左拾遗。

他每天很认真地工作。这个时候，一个叫房琯（guǎn）的人，是他的朋友，和他同朝为官，如今正在兵败论罪。

房琯是肃宗的父亲唐玄宗派过来的大臣，肃宗很不喜欢他，看见他，就想起来这是父亲派来给自己掣肘的人，既不能不用，又不想重用。可是为了堵天下悠悠众口，还得做出对父亲感激涕零、对老臣格外优待的模样。

恰好房琯指挥不利，导致军队作战失败，肃宗就想找他的不是，打算好好地制裁他。

杜甫不干了。

他出面为朋友仗义执言，言辞激烈，把力主贬斥房琯的人都划为卑污小人，上书说"罪细不宜免大臣"，意思就是，罪过不大，不宜免掉大臣的职位。

这可把肃宗气坏了，干脆召三司推问，把杜甫一起审。

一个叫韦陟的人向肃宗汇报说杜甫的言词虽然狂妄，但不失谏臣的体统，肃宗干脆连韦陟也恨上了。若无人营救，韦陟也要获罪了。

幸亏宰相张镐劝肃宗，不让他杀杜甫，否则就没有人敢向他进言了，杜甫这才逃了一死，照旧当他的左拾遗。但是已经有了黑历史，也不再受圣心眷顾了。

后来，收复长安后，杜甫仍旧当他的左拾遗，但到底是因为此事受累，最终被贬出京城。

为了国君，他做到了忠贞不渝；为了好友，他做到了力挺不屈。无论他会不会做官，在做人方面，却有铮铮铁骨和一腔热血。

君子之道

65

掌心化雪

这是一个真实故事。

她丑得名副其实，肤黑牙突，大嘴暴睛，神情怪异，好像还没发育好的类人猿，又像《西游记》里被孙悟空打死的那个鲇鱼怪。爸爸妈妈都不喜欢她，有了好吃的好玩的，也只给她漂亮的妹妹，她从来都生活在被忽略的角落。

在学校，丑女孩更是倍受歧视，坐在最后面，守着孤独的世界。有一回，班里最靓的女生和她在狭窄的走廊遇上，一脸鄙夷，小心翼翼地挨着墙走，生怕被她碰着，哪怕是衣角。丑女孩满怀愤懑，又无处诉说，回家躺在黑暗里咬牙切齿，酝酿复仇——她要买瓶硫酸，送给同班的靓女；甚至妹妹也要"变丑"，逼着父母学会一视同仁。

不是没有犹豫。她一直善良，碰见走失的猫狗都会照顾。于是，她蒙着纱巾，遮盖丑陋的面孔，去见中科院心理研究所的老师。哪怕对方有丁点厌恶，都足以把她推下悬崖。

老师眼神明净，声音柔和，鼓励她解下纱巾。她踌躇地照做了。老师微笑着起身，走过来，轻轻拥抱她。那一刻，陌生温暖的怀抱，化解了她身上的戾气，让她莫名落泪。从此，丑女孩一改阴郁仇视的眼神，微笑的她最终被父母、同学接受。

只需一个拥抱，就能改变一个人的一个小时、一天、一个月，乃至一生。

平凡如我们，都需要这样的爱，相互鼓舞慰藉。

记得有一次，我去医院看眼睛，被点了药水之后，刚才熟悉的世界陡然陷入黑暗。身外一片人声扰攘，脚步杂乱，我却战战兢兢不敢举步，恍

惚只觉面前横亘万丈深渊。幸好有只手伸过来，轻轻把我送到长椅上坐定。这只陌生的手让我渐渐安心，心情坦然。

我的一个朋友只是市井小人物，但是"无缘大慈，同体大悲"的精神，深入骨髓。他每月工资少得可怜，从不肯乱花一分钱，但是身上总是带着硬币，施与沿途乞讨的老人。有一天，我们结伴回家，他看到一位老人在秋风中双手抱膝，脑袋低垂到胸前，瑟瑟颤抖，马上掏出零钱，又拉着我走到附近一家小吃店，买了几个热包子，放到老人面前。他做这一切都很自然，从不骄矜自喜，反而觉得羞愧，羞愧自己能力不够，无法盖得广厦千万间，大庇天下寒士俱欢颜。

这个世界流行的是强者和超人，渺小如蝼蚁、脆弱似玻璃的小人物，更需要洞察幽微的眼睛，需要有力的手，带他们走出窘境。假如你碰到黑暗里挣扎的人，请不要背过身去，伸出一只手，就能给对方一个春天，让一颗心慢慢复苏。即使对方并不知道你是谁，也会一直记得你掌心的温度。

不以善小而不为——一个温暖的眼神，一句轻轻的鼓励，都足以变成一个人心中的蜂飞蝶舞，水绿山蓝。因为现实如此冰冷坚硬，人心更要柔软，好比掌心化雪，滴滴晶莹。

国学启示

这一章借鬼神来说明道，道无所不在而又真实不虚，而且须臾不可离，人们必须用诚心对待它。

做人一定不可离开大道之所在，就像杜甫一样，一腔热血为国为民，这样才是君子所为。

思考时间

1.世间没有鬼神，却有良心和道德的考验。如果面对杜甫那样的困境，你能够像他一样做事做人吗？

2.在日常生活中，你帮助过需要帮助的人吗？

君子之道

大德者必受命

国学原味

子曰:"舜其大孝也与! 德为圣人,尊为天子,富有四海之内,宗庙飨之^①,子孙保之^②。故大德必得其位,必得其禄,必得其名,必得其寿。故天之生物,必因其材而笃焉^③。故栽者培之^④,倾者覆之^⑤。《诗》曰^⑥:'嘉乐君子^⑦,宪宪令德^⑧。宜民宜人,受禄于天。保佑命之,自天申之^⑨。'故大德者必受命。"

词语解释

①宗庙:我国的宗庙制度是儒教祖先崇拜的产物。人们为亡灵建立的寄居所即宗庙,是儒教徒活动的场所。帝王的宗庙制是天子七庙,诸侯五庙,大夫三庙,士一庙。庶人不准设庙。同时宗庙是供奉历朝历代国王牌位、举行祭祀的地方。飨(xiǎng):用酒食招待客人,泛指请人受用。这是指祭祀。之:代词,指舜。

②子孙:指舜的后代虞思、陈胡公等。

③材:资质。笃:厚。

④培:培育。

⑤覆(fù):倾覆。

⑥《诗》曰:此诗引自《诗经·大雅·假乐》。

⑦嘉乐:今本《诗经》作"假乐"。假(xià),意为美善。

⑧宪宪:今本《诗经》作"显显"。显显,显明兴盛的样子。令德:美好的德行,令,美好。

⑨申：重申。

孔子说："舜可真的是一个大孝的人。从德行来说，他是圣人，从地位而论，他是天子，若说财富，他可是拥有整个天下，后世的人在宗庙里祭祀他，子子孙孙都维护他，保持他的功业。所以说，有大德行的人，一定会得到他应得的地位，也一定会得到他应得的财富，也一定会得到他应得的名声，也一定会得到他应得的寿数。所以，上天生养万物，是一定会根据万物具备的资质来厚待它们。能够成材的，就培育它，不能成材的，就淘汰它。《诗经·大雅·假乐》说：'高尚优雅的君子，有光明美好的德行。让人民安居乐业，享受上天赐予的福禄。上天保佑他，任用他，给他以重大的使命。'所以，有大德的人必会承受天命。"

趣味故事

周恩来让群众背风坐

1966年3月8日凌晨5时29分14秒，河北省邢台市隆尧县发生6.8级大地震。10日下午，周恩来亲自前往受灾最严重的白家寨村。他一边走一边不时停下来跟群众握手，说着："乡亲们，你们受苦了、受惊了、遭灾了，我来迟了。"

当天刮着很大的西北风，可周恩来发现群众都是面对西北风而坐，原来县委专门搭了一个坐北朝南的背风讲台让总理避风。周恩来不同意，坚持改变布置，让群众背风而坐，他自己迎着风讲话。

这是《周恩来风采》这本书里讲到的，周总理就是这样一个有大德行

大德者必受命

69

的人。

他和人民群众打成一片的事情还有很多。

《周总理的故事》里写道：1958年的6月，北京十三陵水库正在热火朝天地施工。烈日当空，热风炙人，脚下的沙砾都被晒得发烫。奋战在水库工地的千军万马中，有一支由中央国家机关和中共中央直属机关领导干部三百多人组成的劳动队伍。

走在队伍最前面的，是我们敬爱的周总理。到了施工现场，水库指挥部的负责人刚刚说出"我们热烈欢迎首长……"站在队伍里的周总理立即纠正他说：这里没有首长，没有总理、部长、司局长的职务。在这里，大家都是普通劳动者。

周秉德是周恩来三弟周恩寿的长女，她十二岁来到伯父周恩来和伯母邓颖超身边，在这里与他们相伴了整整十五年。

提到周恩来总理生活的俭朴，周秉德说："他非常俭朴，当了二十六年的总理就只穿过两双皮鞋，这双鞋打掌儿穿那双鞋，那双鞋打掌儿穿这双鞋，就这样一直节省得不得了。吃饭时汤汁都要用馒头刮干净吃掉。有一次，我的弟弟周秉钧从外地来，跟我的伯母两个人在一块儿吃饭。其中有一盘菜，是生菜托的底儿。我弟弟以为那是菜托，不可以吃的，于是就没有吃。等伯伯回来了一看，说：'哎呀，这个菜还没吃啊，挺好的。'就把那个菜卷吧卷吧，擦一下汤汁吃了。之后我弟弟特别懊悔，他说：'你看我怎么能让伯伯吃我剩下的菜呢，我不知道这个东西是可以吃的，我如果知道能吃的话我也吃掉了。'但是这些伯伯都要吃。"

像这样的人，就是孔子说的，因为有大德而必然会承受天命的人吧。

汉朝大将军卫青

汉朝著名将领、民族英雄卫青，出身低贱，小时候给人做奴仆，被朝打暮骂，日子过得特别艰难。

后来他的姐姐入了宫，很受汉武帝宠爱，卫青也沾了光，当了官。

元朔元年（公元前128年），姐姐卫子夫被册封为皇后，卫青更是权势熏天。

但是，他却没有仗着外戚的身份嚣张跋扈，而是持戈上阵，征战疆场。

匈奴屡次犯边，卫青和匈奴打了好多年的仗，从最开始的小胜，到后来的大胜，再到后来匈奴避其锋芒，不敢南下而牧马，这都是他沙场喋血换来的功勋。

汉武帝也对他分外看重，

他一路升迁，直至当上了大将军，加封大司马，一人之下，万人之上。

淮南王刘安想要谋反的时候，卫青已经位居大将军，炙手可热。刘安怕卫青会打他，就问谋士，大将军是怎样的人。

谋士说，我一个好友跟着大将军打过匈奴来着，他说呀，大将军对待士大夫特别温和有礼，对待将士又特别有恩有德，所以大家都愿意帮他办事、给他效劳呢。而大将军本人又特别有本事，纵马如飞，才干过人。这个人可不好对付。

确实，卫青此人，持身甚正，而号令严明。对敌身先士卒，对内则体恤下属。安营扎寨时，士兵都喝上水后，他才肯喝；军队出征归来，士兵都渡过河去，他才过河。皇太后赏他好些金银缎匹，他都转手就赏给手下的军官了。

卫青就是这样让心怀不轨的人忌惮至此，让爱戴他的人从不失望。

大德者必受命

他不弄权，不争利，不虐下属，有恩有义，和士兵同甘共苦。有人说他太"和柔"了，这样当大将军不行，但是，他哪一点不行了？

他对于敌人当头砸下毫不留情；对于自己人，轻轻的力道，都不会磕碎鸡蛋。

这是一个有大德行的人。

为官一任，造福一方

苏轼不光是文学大家，而且还是一个很能干的官员。

熙宁九年（公元1076年）年底，苏轼被调任徐州太守。

苏轼一上任就猛干活。

徐州，自古就是"南北重镇"。苏轼主政徐州的那两年，又正逢徐州历史上的多事之秋。

熙宁十年（公元1077年）秋，黄河决口，水困徐州，"彭门城下，水二丈八尺"。苏轼喊出口号："吾在是，水决不能败城！"

于是，他亲自扛着锹，穿成短衣帮，脚底下蹬着草鞋，在城墙上边支帐篷，吃睡都在这儿，领着百姓防洪抗洪，过家门而不入。洪水围城四十五天，终于撤去，苏轼也后怕得不行："入城相对如梦寐，我亦仅免为鱼鼋。"

这事儿过去，他想着不成，徐州距离黄河故道这么近，谁知道黄河水什么时候就又冲杀过来？所以，要修城墙，修更牢固的城墙。

他向朝廷呈表要钱，请朝廷拨款。

朝廷不理他。政府都穷得不行了，你还狮子大开口，居然要修石城墙！

苏轼继续呈表，这次改了口风，不修石城墙了，用木材加固城墙，这

样花销就少多了。皇帝也高兴，给自己省钱呢，于是拨下铜钱三万贯，米粮一千八百石，派工役七千二百名，就这样，建起了一条木坝。皇帝还颁了一道嘉许他的圣旨："亲率官吏，驱督兵夫，救护城壁。一城生齿，并仓库庐舍，得免漂没之苦。"

自从发大水后，柴薪奇缺。眼看冬天要到了，百姓烧不上柴，做不上饭，取不了暖。苏轼又到处去考察、勘探，派人四处找石炭，终于在白土镇孤山勘探到了石炭。这下子，烧饭取暖的大问题解决了。

徐州监狱里关满人犯。那个时候，人犯没有人权，虽然不可以打死，但是可以冻死、饿死、热死、病死、累死。苏轼派郎中给犯人治病，又严禁狱卒凌虐犯人。

当时军政废弛，士兵们喝大酒，赌钱。苏轼严令不许赌博，加强训练。

按照政府规定，宋朝凡是低级军士因公出差，官家不发予旅费，逼得官兵到处哄抢百姓，逼良为盗。于是从他做起，地方政府每年节省下一些钱，支付这些军士的差旅费。

苏轼做了多任地方官，无论他走到哪里，都是为官一任，造福一方。

国学启示

舜遇到了可怕的家庭环境，父亲不喜欢他，弟弟要害他，但舜没有放弃孝德和友爱，由于道德高尚被看成圣人。不仅如此，他还获得了至高的地位和与四海相比的财富，本人的生命也得到了延长，传说活到一百一十岁，位、禄、名、寿都得到了。作者认为自然规律必然如此，天是生物的，但必须因其材质而下功夫，能生的才能培植，不能生的自然覆灭。在这里，作者突出道德的至上性，但并不排除权利、名位、财富、福禄、长寿等世俗人们所倾慕的东西，只不过和德行连在了一块。

思考时间

你还知道哪些心怀家国天下，胸怀伟大崇高的人？试列举二三个。

大德者必受命

肩负起自己的使命

国学原味

子曰:"无忧者,其唯文王乎①!以王季为父②,以武王为子③,父作之④,子述之⑤。武王缵大王、王季、文王之绪⑥,壹戎衣而有天下⑦,身不失天下之显名。尊为天子,富有四海之内,宗庙飨之,子孙保之。武王末受命⑧,周公成文武之德⑨,追王大王、王季⑩,上祀先公以天子之礼。斯礼也,达乎诸侯、大夫,及士、庶人。父为大夫,子为士,葬以大夫,祭以士。父为士,子为大夫,葬以士,祭以大夫。期之丧⑪,达乎大夫。三年之丧,达乎天子。父母之丧,无贵贱,一也。"

词语解释

①文王:指周文王,姬姓,名昌,岐周(今陕西岐山县)人。周朝奠基者,周太王之孙,季历之子。中国历史上的一代明君。

②王季:周文王的父亲,名季历,周武王即位,封为王季。

③武王:周文王的儿子,姬姓,名发,周文王姬昌的嫡次子,西周王朝的开国君主。谥号武。

④作:创业。

⑤述:继承。

⑥缵(zuǎn):继续。大王:太王,即王季的父亲古公亶父。绪:事业。

⑦壹戎衣:一著戎衣以讨伐商纣。

⑧末:晚年。

⑨周公：周武王的弟弟，名旦，辅武王伐纣。成文武之德：成就了文王、武王的德业。

⑩追王（wàng）：追尊……为王。王，动词。

⑪期（jī）之丧：指一年的守丧之期。期：一年。

句意理解

孔子说："人生无忧的人，大概只有周文王了吧！他有王季这样的父亲，有武王这样的儿子，父亲开创了帝王的基业，儿子继承了他的事业。武王继承了太王古公亶父、王季、周文王的功业，身披战袍，讨伐商纣王，一举夺取了天下，本身没有失掉远扬天下的美名。贵为天子，拥有四海之内的疆土，社稷宗庙祭祀他，子子孙孙永保周朝王业。武王晚年才承受天命，到了周公旦，成就了文王、武王的德业，追尊太王、王季为王，又用天子之礼祭祀历代祖先。而且将这种礼制推行到诸侯、大夫、士和庶人。按照这种礼制，如果父亲身为大夫，儿子身为士，父亲死后，用大夫礼安葬，用士礼祭祀。如果父亲身为士，儿子身为大夫，父亲死后，就用士礼安葬，用大夫礼祭祀。服丧一周年的丧制，从平民通行到大夫。服丧三年的丧制，从庶民一直通行到天子。为父母服丧，不论身份贵贱，服丧期都一样。"

趣味故事

文王访贤

周文王见纣王无道，决心起兵造反。但是，他需要贤才辅佐，于是，他就悉心查访，搜罗人才。

这天，他来到渭水边，听见远处传来歌声：

肩负起自己的使命

"我曹本是沧海客，洗耳不听亡国音。

日逐洪涛歌浩浩，夜观星斗垂孤钓。

孤钓不如天地宽，白头俯仰天地老。"

文王一听，这歌不简单啊！他让人把这几个唱歌的人叫过来，原来是几个打鱼郎。他问道："你们唱的是什么歌？"

渔民说："是一个叫吕尚的老翁，天天在渭水边陲竿钓鱼唱的，我们听多了，也就会唱了。"

文王觉得这个老翁说不定是个人物，决定亲自拜访。他顺溪而行，果然看见一个白头发白胡子的老头儿正在钓鱼。文王已经走到他跟前，他却专心垂钓，旁若无人。而且，他的鱼钩好奇怪啊——不是，是根本没有鱼钩啊。就那么一根长线，吊着一根铁丝，悬空在水面之上，这怎么能钓得上鱼来！连鱼饵都没有，让鱼蹦着高儿地咬你的铁丝吗？

文王不敢小瞧他，向他施礼。吕尚问："来者何人？"

文王说："我是西伯姬昌，特来访贤。"

吕尚看都不看他，说："你哪里是访贤，你带着这么多人，分明是来游山玩水来的。我不妨碍你的游兴了，再见。"他起身走了。

文王想，这是怪我态度有问题，好吧。他也起身走了。

他回到了自己的宫室，沐浴斋戒三天，然后带着文武百官，摆着隆重的车驾来到溪边。

吕尚还坐在溪边用直钩钓鱼呢，嘴里还唱着歌。文王赶紧施礼，这次吕尚一看，好，给我这么大的排面，好的，他也答礼相还。两个人纵论一番天下大事，文王请他帮忙讨伐残忍无道的纣王，吕尚答应了。

吕尚就是姜子牙，他原姓姜，先祖曾做四岳之官，辅佐夏禹治理水土有大功。舜、禹时被封在吕地，以其封地之名为姓，所以又叫作吕尚。从此，他为周文王和周武王当军师，取得了伐纣的胜利，平定了天下，建立了西周。

武王伐纣

周文王在完成翦商大业前夕去世，他的儿子姬发继位，这就是周武王。

武王伐纣，坐船渡过黄河。兵车刚用船搬运过河，姜子牙马上命人把船全部毁掉，说："这回出兵，大家只有去和敌人拼死奋战，不可存侥幸生还之心！"大军经过的渡口和桥梁，也都叫人全部烧掉。

他们在孟津地方过渡时，忽然，水面起了大浪，劈头盖脸打向船头，狂暴的风刮得天昏地暗。武王坐在船头，左手拿一把黄金斧，右手拿悬挂白色旄牛尾巴的指挥竿，指挥竿前指，厉声大喝："我既然担当了天下的重任，谁敢来违逆我的意志！"

他刚说完这话，顷刻间风停浪息，军队安然渡过孟津。

到了邢丘时，又忽然天降暴雨，连下三天三夜，战士们的盾也无故折为三段。武王心里毛毛的，召来姜子牙，问他："看这光景，是不是我们讨伐纣王是不对的？"姜子牙说："不然。盾折为三段，是说我们的军队应当分为三路。大雨三天不止，那是在洗我们的甲兵，让我们好打胜仗。"

肩负起自己的使命

77

周武王的大军受到鼓舞，来到孟津，和八个方国部落军队和反商诸侯军队会合，一路进军到了牧野。

商纣王本来正酒池肉林，倒行逆施，听到大军来袭，仓促武装大批奴隶，又召集拱卫国都的军队，一起开赴牧野迎战。

周武王的大军排兵布阵已毕，庄严誓师，史称"牧誓"。武王在阵前声讨商纣罪行，严申不准杀降，以此来瓦解商纣王的军心，于是商军中的奴隶纷纷倒戈。

一番大战，商军瓦解，纣王逃回朝歌，登鹿台自焚。周军占领商都，商朝灭亡。

周公吐哺

在消灭商朝后不久，周武王就因为积劳成疾去世了。

他的儿子周成王还是个小婴儿，所以就由周公来代掌朝政。

周公是周文王姬昌的第四个儿子，是周武王姬发的亲弟弟。他把侄儿成王抱在膝上，向诸侯问政。

自从周公掌权，武王的另两个弟弟特别不满，到处造谣，说周公是想要夺了侄儿的天下，自己当王。

一时之间，天下议论纷纷，都说他包藏祸心。

周公很委屈，说："我之所以不避嫌疑代理国政，是怕天下人背叛周室，没法向我们的先王太王、王季、文王交代。三位先王为天下之业忧劳甚久，现在才刚成功。武王早逝，成王年幼，只是为了完成稳定周朝之大业，我才这样做。"

他让自己的儿子伯禽到鲁国受封，临行前，告诉伯禽说："我是文王之

子、武王之弟，成王之叔父，在全天下人中我的地位不算低了。但我却洗一次头要多次握起头发，吃一顿饭多次吐出正在咀嚼的食物，起来接待贤士，这样还怕失掉天下贤人。你到鲁国之后，千万不要因有国土而骄慢于人。"

等周成王长大成人后，周公还政周成王，他功成身退，不久就去世了。

后来，曹操在他作的诗《短歌行》里，这样写道："山不厌高，海不厌深。周公吐哺，天下归心。"就是在夸赞周公的礼待人才，高风亮节。

唐朝大诗人白居易则在诗里感慨："赠君一法决狐疑，不用钻龟与祝蓍。试玉要烧三日满，辨材须待七年期。周公恐惧流言日，王莽谦恭未篡时。向使当初身便死，一生真伪复谁知？"

国学启示

本篇由舜讲到周代，认为周代的先王积累了仁德，尤其是周文王，德政更为突出。等到了周武王，虽然他是凭借着武力夺得天下，但名望并没有丧失，获得了尊荣、权位、财富，以及子孙长久的祭祀。到了周公，他成就了文王、武王的事业，自己既有仁德，也被后世人广泛传诵。本篇和上篇"大德必得其位"的意思是相通的。

思考时间

你对商纣王知道多少？说他的一两件倒行逆施的事。

礼法为处世的根本

国学原味

子曰："武王、周公，其达孝矣乎①！夫孝者，善继人之志，善述人之

事者也。春秋修其祖庙②，陈其宗器③，设其裳衣④，荐其时食⑤。宗庙之礼，所以序昭穆也⑥；序爵⑦，所以辨贵贱也；序事⑧，所以辨贤也；旅酬，下为上⑨，所以逮贱也⑩；燕毛⑪，所以序齿也。践其位，行其礼，奏其乐，敬其所尊，爱其所亲，事死如事生，事亡如事存，孝之至也。郊社之礼，所以事上帝也，宗庙之礼，所以祀乎其先也。明乎郊社之礼、禘尝之义⑫，治国其如示诸掌乎⑬！"

词语解释

①达孝：达到孝的极致。

②春秋：祭祀祖先的时节。

③陈其宗器：陈：陈列。宗器：古代宗庙祭祀所用的器物。

④裳衣：先祖遗留的衣服。

⑤荐其时食：进献时令食品。荐：进献。时：时令，当时。

⑥昭穆：昭穆制度是宗庙制度之一，庙制规定，天子立七庙，诸侯立五庙，大夫立三庙，士立一庙，庶人无庙，以此区分亲疏贵贱。延伸到民间，祠堂神主牌的摆放次序也就是昭穆制度，如始祖居中，左昭右穆。父居左为昭，子居右为穆。二世为昭，三世为穆；四世为昭，五世为穆；六世为昭，七世为穆；二四六世为昭，三五七世为穆；先世为昭，后世为穆；长为昭，幼为穆；嫡为昭，庶为穆。

⑦序爵：依照爵位高低排列。

⑧序事：排列宗祝有司的职事。

⑨旅酬：众人举杯劝酒。旅，众。酬，以酒相劝。

⑩逮（dài）贱：恩惠及于下人。逮：到，及。

⑪燕毛：宴饮时年长者居上位的礼节。燕，同"宴"。

⑫禘（dì）尝：这里代指四时祭祀。禘，天子宗庙举行的隆重祭礼。尝，秋祭。

⑬示诸掌：把东西放在手掌上来看，这里指容易看见。示，同"视"。

孔子说："周武王和周公，是达到了孝的极致的人了！他们的孝，善于继承先人的遗志，善于继承先人未竟的事业。每每到了春秋举行祭祀的时候，就修整祖庙，陈列宗庙祭祀的器物，摆设先人穿过的衣裳，向先祖供奉迎时当令的食品。宗庙中的祭礼，是用来序列左昭右穆各个辈分的；序列爵位，是用来辨别身份贵贱的；安排祭祀中各种职事，是用来判断子孙才能大小高低的；祭后众人轮流举杯劝酒的时候，晚辈向长辈敬酒，这是用来显示先祖的恩惠由上到下，惠及下人；祭罢之后，开始宴饮时，依照头发的黑白来排列座次，这是用来区分长幼次序。供奉好先王的牌位，举行先王留下的祭礼，演奏先王时代的音乐，敬重先王所尊敬的人，爱护先王所爱护的子孙臣民，侍奉死者如同他还活在世上，侍奉已经死去的就如同他仍旧活着，这就是孝道的极致。祭祀天地的礼节，是用来侍奉天上的帝王的，祭祀宗庙的礼节，是用来祭祀自己的祖先的。明白了祭天祭地的礼节和四时举行禘尝诸祭的意义，那么治理国家就好像观看手掌上的东西一样，清清楚楚，简简单单！"

🌸 趣味故事 🌸

孝敬父母的人

* ❀ *

《世说新语》里讲了这样一个小故事：

吴郡的陈遗，十分孝顺父母。他妈妈喜欢吃锅巴，陈遗在任吴郡主簿的时候，总是带着一个袋子，每次煮饭，就把锅巴收集在口袋里，回家时

礼法为处世的根本

送给母亲。

后来孙恩攻打吴郡，袁山松当日带兵出征，此时陈遗已经收集了好几斗锅巴，来不及回家，就带上随军出发了。沪渎一仗，官军大败逃溃，跑到了山里，很多人都饿死了，可是陈遗却因为有锅巴得以活了下来。人们认为这是他笃行孝道的报答。

像这样的孝敬父母的人物在历史上还有许多。

东汉时有一个叫江革的人，少年丧父，战乱中背着母亲逃难。他们几次遇到匪盗，贼人想要杀死他，他痛哭求告，不是因为怕死，而是老母年迈，无人奉养。贼人见他孝顺，不忍杀他。

后来，江革迁居江苏下邳，做雇工供养母亲，自己贫穷赤脚，而奉养母亲特别丰厚。明帝时，他被推举为孝廉，章帝时被推举为贤良方正，任五官中郎将。

还有孔子的弟子仲由，早年家中贫穷，自己常常采野菜来吃，却从百里之外背米回家侍奉双亲。

父母死后，他做了大官，奉命到楚国去，随从的车马有百乘之众，所积的粮食有万种之多。可是，他坐在垒叠的锦褥上，吃着丰盛的筵席，却常常叹息："即使我想吃野菜，为父母亲去背米，哪里能够再实现呢？"

孔子赞扬他："你侍奉父母，可以说是生时尽力，死后思念哪！"

现代社会也有很多孝敬父母的楷模。

有一个初中语文教师，九岁时，父亲因车祸去世，妈妈独自抚养三个孩子长大。后来，妈妈得了老年痴呆症，丧失了日常生活能力。这个教师为了能每天亲自照顾母亲，用一根布带把母亲绑在自己身上，骑着电动车行驶三十千米去学校上班。就这样风雨无阻，一连五年。

他每天的作息是这样的：晚上九点钟，服侍母亲睡下；凌晨一点钟，准时起床抱母亲上厕所；清晨五点钟，闹钟响起，他要赶在师生之前起床，将母亲房间打扫干净，处理好母亲的大小便；早上七点钟喂母亲吃过饭后，

开始学校一天的工作。

时间紧张，他总是步伐匆匆，所以他总爱说一句话："我是跑着走的。"

指鹿为马的赵高

秦始皇死后，胡亥继位。

胡亥一心玩乐，不愿意处理政务，就把一切事务都扔给宰相赵高，于是赵高的权力越来越大。他就开始用血腥的手段排除异己，也鼓励皇帝胡亥大肆杀戮，妄图以暴力强迫人们臣服。

这一天，难得胡亥上朝，赵高就想搞个测试。

于是，他拾级而上，手里牵着一个什么动物，灰扑扑，四条腿又细又长，两只大眼睛蒙着一层雾气，不敢走又不能不走，因为它的牵绳正拽在这个人的手里。

胡亥饶有趣味地看着这一幕，满朝重臣，看皇帝脖子伸这么长，他们也扭头往后看，就见赵丞相牵着一头鹿，迈进殿门。

"爱卿，你牵头鹿来干啥？"胡亥笑嘻嘻地问。

赵高抬头看一眼皇帝，又低头看一眼鹿，神色迷茫了："陛下，这不是马吗？"

"嗯？"胡亥惊骇了，"赵高你怎么了？这明明是只鹿啊。"

赵高斩钉截铁："不对，陛下，这不是鹿，这是马。不信，你问问他们。"

朝堂上所有的大臣都在赵高说出这是马的时候，被震得失语了。赵丞相是糊涂了，还是眼睛出毛病了？为什么要指鹿为马呢？

中车府令赵成第一个开口："对对，这是马，是马。"

他是赵高的亲弟弟——管他是鹿是马，哥哥说的就是对的。

有心思转得快的，也赶紧附和："是马，是马。你看这四只蹄儿，你看这耳朵，你看这大长脸，千真万确，是马。"

胡亥的表情震惊而迷茫：我是谁？我在哪？我在干什么？这是怎么了？我的眼睛坏了吗？还是我的脑子坏了？

有些官员实在受不了，气得要炸了："这明明是鹿。你自己认它为马也就算了，还要逼着大家一起说这是马。你逼着大家说这是马也就算了，你还梗着脖子硬骗皇上这是马。你当大家都瞎吗？这是鹿，这是鹿啊，就像黑不是白，白不是黑，马不是鹿，鹿也不是马。"

但是胡亥不听，他只是迷茫而真诚地问赵高："丞相，这是鹿还是马？"

赵高真真切切地吐出一个字："马。"

胡亥捂住脑门，我今儿不对，我觉得我发烧了，我眼花。我需要回宫让御医给我看一下，退朝吧。

他一甩袖子，回了后宫，留下一屋子文武衣冠，面对着这只"马"，觉得真是生平仅见的魔幻奇景。

赵高笑了："刚才，是谁说这是鹿来着？"

整个咸阳宫，一片死寂。

论一只鹿怎样变成一匹马？

只要得出这个结论的人，是如日中天、生杀予夺的赵丞相。

指鹿为马，不是赵丞相眼瞎。他用一只鹿立威，让这帮子瞎眼的大臣都瞧瞧，让天下人都瞧瞧，到底谁才是天下主宰，一人之下，万人之上！

赵高就是这样一个不择手段排除异己的贰臣。

而他的下场还没有好到哪里去。在他撺掇秦二世胡亥把秦朝给搞得千疮百孔，百姓奋起反抗之后，他杀了胡亥，最后，他自己也被秦王子婴杀掉了。

国学启示

这一章说的是周文王和周武王都是大孝之人。孝的最重要特点是能继

承先人遗志，把先人事业发展下去。能够以孝治天下，治理国家才会像看自己的手掌那么容易。

思考时间

你在行动上是怎么孝敬父母的？

立志治国安天下

国学原味

　　哀公问政①。子曰："文、武之政，布在方策②。其人存③，则其政举；其人亡，则其政息④。人道敏政⑤，地道敏树。夫政也者，蒲卢也⑥。故为政在人，取人以身，修身以道，修道以仁。仁者，人也，亲亲为大⑦。义者，宜也，尊贤为大。亲亲之杀⑧，尊贤之等，礼所生也。在下位不获乎上，民不可得而治矣！故君子不可以不修身。思修身，不可以不事亲；思事亲，不可以不知人；思知人，不可以不知天。"

词语解释

①哀公：春秋时鲁国国君。姓姬，名蒋。"哀"为谥号。

②布：陈列。方：书写用的木板。策：书写用的竹简。

③其人：指文王、武王。

④息：灭，消失。

⑤敏：迅速。

⑥蒲卢：即芦苇。

⑦亲亲：前者为动词，后者是名词，亲爱自己的亲人。

⑧杀（shā）：等差。

句意理解

　　鲁哀公向孔子询问政治应该怎么做。孔子说："周文王、周武王的政治措施，都记载在典籍上了。他们在世的时候，这些政事就能顺利实施；他们去世了，这些政事也就随着废弛了。贤人治理国家，政事就能迅速推行；在肥沃的土地上种树，树木就能快速生长。政事就像芦苇一样，生长格外快速轻易。所以要想处理好政事，就要看用的是什么人。要想得到合用的人，就要提高自身修养，提高自身修养，就要遵循道德，遵循道德就要以仁为本。仁，就是人本身就具备的爱人之心，亲爱自己的亲人是最大的仁。义，就是要把事情都做得合适，尊重贤人就是最大的义。亲爱亲人要分亲疏远近，尊重贤人要有高低等级，这就产生了礼。如果身处下位的人没有获得身处上位的人的信任，那么民众不能得到治理！所以，君子不能不好好修身。想要好好修身，就得侍奉父母亲人；要想侍奉好父母亲人，就得要对人有深入了解；想要深入了解人，就得知道天运行的规律。"

国学原味

　　天下之达道五①，所以行之者三。曰君臣也，父子也，夫妇也，昆弟也②，朋友之交也，五者，天下之达道也。知、仁、勇三者，天下之达德也③。所以行之者一也。或生而知之，或学而知之，或困而知之，及其知之，一也。或安而行之，或利而行之，或勉强而行之，及其成功，一也。子曰："好学近乎知，力行近乎仁，知耻近乎勇。"知斯三者，则知所以修身；知所以修身，则知所以治人；知所以治人，则知所以治天下国家矣。

词语解释

　　①达道：达到与道同的境界。

　　②昆弟：兄和弟，也包括堂兄堂弟。

③达德：达到好的德行。

天下有五条道路能够达到与道同的境界，而有三种德行可以达到与道同。道分五种：君臣之道、父子之道、夫妇之道、兄弟之道、朋友之道，这五种是天下共通的大道。德分三类：智、仁、勇，这三种是天下人共同遵守的品德。这五种道，可以用这三种品德去实施，它们的效果是一样的。对于这些道理，有的人生来就知道，有的人则是学习后才知道，有的人是经历了困苦后才知道。不过最终他们都知道了，那么最终结果就是一样的。对于如何达到这五伦大道，如何遵从这三种美好品行，有的人实行起来是心甘情愿，有的人却是因为名利诱惑，有的人则被迫去做。孔子说："爱好学习就离智慧不远，努力行善就离仁德不远，知道羞耻就离勇敢不远。"知道这三点，就知道怎样提高自身修养；知道怎样提高自身修养，就知道怎样治理别人；知道怎样治理别人，就知道怎样治理天下和国家。

国学原味

凡为天下国家有九经①，曰：修身也，尊贤也，亲亲也，敬大臣也，体群臣也②，子庶民也③，来百工也④，柔远人也⑤，怀诸侯也⑥。修身则道立，尊贤则不惑，亲亲则诸父昆弟不怨，敬大臣则不眩⑦，体群臣则士之报礼重，子庶民则百姓劝，来百工则财用足，柔远人则四方归之，怀诸侯则天下畏之。

词语解释

①为：治理。九经：九条准则。

②体：体察，体恤。

③子庶民：把普通百姓当成自己的子女。

④来：招来，使……来。百工：各种工匠。

⑤柔远人：优待边远地方来的人。柔：优待。

立志治国安天下

87

⑥怀：安抚。

⑦不眩：不迷惑。

句意理解

凡是治理天下国家的人，都会遵循九条原则。那就是：提高自身修养，尊重贤良的人，亲爱自己的亲人，敬重朝中的大臣，体恤所有的臣子，爱护治下的民众如同自己的子女，以优厚的条件招纳工匠，优待远方的来客，安抚各方的诸侯。提高自身修养，就能确立正确的大道；尊重贤人，自己的思想就不会迷惑混乱；亲爱自己的亲族，就不会惹得叔伯兄弟怨恨；敬重朝中的大臣，遇事就不会迷失方向；体恤群臣，士人们的回报就会更加厚重；爱民如子，老百姓就会互相劝勉，努力工作；优厚招纳工匠，生产的财物就会充足无虞；优待远方来客，四面八方的人就会来归顺；安抚诸侯，天下的人就会对你敬畏。

国学原味

齐明盛服①，非礼不动，所以修身也。去谗远色②，贱货而贵德，所以劝贤也。尊其位，重其禄，同其好恶，所以劝亲亲也。官盛任使③，所以劝大臣也。忠信重禄，所以劝士也。时使薄敛④，所以劝百姓也。日省月试⑤，既廪称事⑥，所以劝百工也。送往迎来，嘉善而矜不能⑦，所以柔远人也；继绝世，举废国，治乱持危，朝聘以时⑧，厚往而薄来，所以怀诸侯也。

词语解释

①齐明盛服：齐，同"斋"。齐明，斋戒严整。盛服，礼服。

②谗：谗言，坏话。这里指说坏话的人。

③官盛任使：官员众多，足够听凭差遣。

④时使薄敛：农闲时役使百姓，减轻赋税。

⑤省（xǐng）：省察。试：考核。

⑥既禀（jì lǐn）称事：发给的薪水粮米与工作业绩相称。既禀，即"饩禀"，指薪水粮食。称，符合。

⑦矜：怜悯，同情。

⑧朝聘：诸侯定期朝见天子。每年一见叫小聘，三年一见叫大聘，五年一见叫朝聘。

句意理解

　　像斋戒那样净心虔诚，穿着庄重整齐的服装，不符合礼仪的事坚决不做，这就是修养自身的原则。驱除小人，疏远女色，看轻财物而重视德行，这就是尊崇贤人的原则。提高亲族的爵位，给他们以丰厚的俸禄，与他们爱憎相一致，这就是亲爱亲族的原则。官员众多足供任使，这就是劝勉大臣的原则。真心诚意地任用他们，并给他们丰厚的俸禄，这就是奖劝士人的原则。使民服役不误农时，少收赋税，这就是勉励百姓的原则。每天省察，每月考核，付给他们的薪水粮米与他们的业绩相称，这就是奖劝工匠的原则。来时欢迎，去时欢送，嘉奖有善行的人，怜恤能力差的人，这就是优待远客的原则；延续绝嗣的家族，复兴废亡的小国，治理祸乱，扶持危弱，按时接受诸侯朝见聘问，赠送丰厚，纳贡菲薄，这就是安抚诸侯的原则。

国学原味

　　凡为天下国家有九经①，所以行之者一也。凡事豫则立②，不豫则废。言前定则不跲③，事前定则不困，行前定则不疚④，道前定则不穷。

词语解释

　　①九经：九条原则。

　　②豫：预备，准备。

　　③跲（jiá）：绊倒。这里指的是说话不顺畅。

立志治国安天下

④疚：惭愧。

句意理解

　　总的来说，治理天下和国家有九条原则。不过，实行这些原则的方法却只有一个，那就是：任何事情，一定要事先有所准备，这样才能够成功，如果没有准备，就一定会失败。说话要先有准备，这样就不会说得结结巴巴；做事要先有准备，这样就不会磕磕绊绊；行动要先有准备，这样就不会吃后悔药；道路也要预先选定，这样就不会有走投无路的事情发生。

国学原味

　　在下位不获乎①上，民不可得而治矣。获乎上有道，不信乎朋友，不获乎上矣；信乎朋友有道，不顺乎亲，不信乎朋友矣；顺乎亲有道，反诸身不诚，不顺乎亲矣；诚身有道，不明乎善，不诚乎身矣。

词语解释

　　①乎：于。

句意理解

　　身居下位的人，如果得不到身居上位者的信任，民众就不会被他治理好。想要得到在上位者的信任，那是要讲规则的，得不到朋友的信任，就得不到上位者的信任。得到朋友的信任也是有规则的：不能让自己的父母顺心，就得不到朋友的信任。而让父母顺心也是有规则的：反省自己的时候不真诚，就不能让父母顺心。而使自己对自己真诚也是有规则的：如果你不明白什么是善，那就不能够使自己对自己真诚。

国学原味

　　诚者，天之道也；诚之者，人之道也。诚者，不勉而中，不思而得，从容中道，圣人也。诚之者，择善而固执之者也。博学之，审问之①，慎思之，

明辨之②，笃行之③。有弗学④，学之弗能弗措也⑤；有弗问，问之弗知弗措也；有弗思，思之弗得弗措也；有弗辨，辨之弗明弗措也；有弗行，行之弗笃弗措也。人一能之，己百之；人十能之，己千之。果能此道矣，虽愚必明，虽柔必强。

词语解释

①审问：审慎地探问。

②明辨：明晰地分辨。

③笃行：踏实地行动。

④弗：不。

⑤弗措：不罢休，不停止。

句意理解

　　真诚，是上天的原则；努力做到真诚，是做人的原则。天性真诚的人，做事的时候不用勉强，就能够达到目的，不用苦思冥想，就能拥有想拥有的东西，从从容容就能符合中庸之道，这是圣人才能达到的境界。努力做到真诚的人，就会选择好的目标，然后努力达到，执着追求。他们广泛地学习，详细地询问，谨慎周密地思考，明晰地辨别判定，努力切实地实行。他们要么不学，学了就会一学到底，不学会就绝不罢休；要么不问，只要问了就一定要问明白，不明白就绝不罢休；要么不想，只要想了就一定要有所收获，没有收获就绝不罢休；要么不分辨，一旦分辨了就一定要分辨清楚，没有弄清楚就绝不罢休；要么不去做，去做了就一定会踏踏实实地去做，否则就绝不罢休。别人用一分的努力就能做到的，自己就用一百分的努力；别人用十分的努力做到的，自己就用一千分的努力。如果真能够做到这样，就算是愚笨，也一定可以变得聪明，就算是柔弱，也一定可以变得刚强。

立志治国安天下

卧薪尝胆的故事

　　吴王和越国打了一次大仗，吴国大败，吴王阖闾也受了重伤。临死前，他对儿子夫差说："不要忘了报仇。"然后就含恨而终。

　　夫差即位后，担心自己会忘了父亲的遗志，于是，每当他经过宫门的时候，就会有人大喊着提醒："夫差，你忘了越王杀你父亲的仇吗？"

　　夫差每次听到都咬牙切齿地说："不敢忘！"

　　经过两年的磨砺，吴国的军队战斗力大增，于是，夫差亲自带兵，杀向越国。

　　又一次大战爆发了。

　　越王勾践因为轻敌而大败，不得已向吴国求和。吴王夫差说：求和可以，越王勾践必须到我吴国，去给我当奴隶。

　　越王勾践答应了。

　　他留下大臣文种处理国家大事，自己带着妻子和大臣范蠡（lí）一起到了吴国。

　　夫差把勾践夫妇发配到吴王夫差的父亲阖闾的坟墓旁边，让他们住到一间石头屋子，给勾践分配的工作是给自己喂马。

　　至于越国大臣范蠡，也跟着越王像个奴仆一样为吴王服务。

　　夫差每次坐车出去，勾践都穿着打补丁的粗布衣裳，挽着裤腿，给他拉马导引。吴国的人就纷纷指指点点："看，那个人就是越国的国王，他被咱们吴国打败了，所以给咱们的国王当奴隶呢。"

　　有一次，夫差生病了，勾践甚至尝夫差的排泄物，以此判断夫差得了

什么病，然后献上药方，以此取得夫差的信任。

果然，夫差认为勾践是真心臣服，对他降低了警惕之心。他本来是想扣留勾践一辈子的，现在，他想，放回去让他继续治理越国，越国也就可以当自己的臣属国了。

于是，他就把勾践一行人放归越国。

勾践回国后，当然照旧过上了衣来伸手、饭来张口的国王生活，有很多奴仆伺候着，再也不用给人牵马坠蹬了，也不用破衣烂衫，吃不饱穿不暖。

他享受了几天后，反省自己：难道要这样一直安逸下去，忘了自己经受的奇耻大辱吗？

于是，他干脆挂了一个苦胆，每到吃饭的时候，他先伸舌头舔舔苦胆，苦得他食不下咽，以此来激励自己，不要忘了前耻。

而且，他把身下铺的软软的床褥撤掉，只给自己铺上一层柴草，就像在吴国时那样，每天晚上就睡在柴草上面，以此来提醒自己，不要忘了前耻。

这就是成语"卧薪尝胆"的由来。

在这种激励之下，他发奋图强，亲自下田耕种，给民众做表率；他的夫人也亲自织布养蚕，带着女人们一起搞生产。他采取了一系列富国强兵的措施，又广行仁政，收拢民心，使得越国万众一心，终于打败了吴国。

这次，吴国一举被灭，吴王夫差自刎。

爱民如子的宋仁宗

在中国历史上，有那么多的皇帝，他们有的英明神武、雄才大略，有的荒淫无道、昏聩无能。古代的皇帝死后一般会进入宗庙供奉，根据他生前的所作所为，继任的皇帝会给他上一个庙号。

这个庙号，可以很好地概括出这个皇帝的为人。我们后世所称的"宋仁宗"的"仁"，就是他的庙号。历史上，有四位皇帝都以"仁"为庙号，只有宋仁宗赵祯是名副其实的仁德之帝。

宋仁宗有一个特点，就是特别俭省，自奉甚薄。当初他爹宋真宗挥霍无度，搞得国库空虚，他继位后，就想，自己少花点儿，就能少从老百姓身上榨点银子了。

一次，大臣到殿里奏事，见他用的床帐、垫具都灰灰旧旧，心下不忍，想让他换，他却说："朕居于宫中，自己日常生活的享用正是如此。这也是百姓的膏血啊，可以随便浪费吗！"

他的梳头太监因为谏官劝皇帝减少宫中仆役，多了两句嘴："陛下侍从并不多，他们却建议要削减，岂不太过分了！"又恃宠生娇，说："如果采纳，请以奴才为削减的第一人。"赵祯真就把他和另外二十九人削减出宫，理由是："他劝朕拒绝谏官的忠言，朕怎能将这种人留在身边！"

又有一次，深夜，赵祯加班公务，累了，想吃碗羊肉热汤，也是忍饥没说。他对皇后说："朕昨夜如果吃了羊肉汤，御厨就会夜夜宰杀，一年下来要数百只，形成定例，日后不知道要杀多少。为朕一碗饮食，创下这个恶例，且又伤生害物，我不忍心，宁愿忍一时之饿。"

他在位期间，宋朝"四海雍熙、八荒平静，士农乐业、文武忠良"。嘉祐二年秋，辽朝派使者来求取赵祯的画像，然后带回去。辽道宗耶律洪基亲迎，端肃而拜，说："我如果生在中原，只配持鞭驾车或者拿着伞盖，给他当一个随从。"

赵祯驾崩的时候，京城汴梁罢市，无论官民，都大哭好几天。就是乞丐和小孩也都在宫殿前边焚烧纸钱，一边哭一边祭奠。一位官员前往四川出差，路经剑阁，见山沟里的妇女们也头戴纸糊的孝帽哀悼。

他的死讯传到辽国，"燕境之人无远近皆哭"，辽道宗耶律洪基也号啕着说："我要给他建一个衣冠冢，寄托哀思。"此后，辽国历代皇帝"奉其

御容如祖宗"。

怪不得诸葛亮会在《诫子书》里说："君子之行，静以修身，俭以养德"，生活节俭，果然是能够长养德行的。相比起生活奢侈无度的人来说，静坐常思己过，俭朴颐养身心的人，是真的能够使自己德行贵重，令人尊敬。

为朋友学驴叫

魏晋时期，有人特别喜欢听驴叫。听见驴叫，就跟听见仙乐飘飘一样，那叫一个如痴如醉。而且，不光听驴叫，还学驴叫，有意思吧？

更有意思的，是这些喜欢听驴叫，喜欢学驴叫的人，不是普通百姓、乡野草民，而是帝王将相、文人雅士。你敢相信？

东汉末年，曹操父子和建安七子是文学领域的领军人物。这些人的关系也特别好，可以说是真正的朋友。

曹操还专门在邺城造了一个铜雀台，高有十丈，房间有一百多间，当

作专门为这些文学人才举办"文学沙龙"的场所。

他的儿子曹丕还是文坛的领袖，和建安七子没事就在一起饮酒作诗。曹丕是曹操的接班人，当了皇帝，但是他在朋友的眼里并不是高高在上的帝王，而是一个热爱文学的诗人。曹丕和他们相处也平等友爱。

建安七子里，最有才华的当数王粲了。他为人有趣，还精通诗词歌赋，没事的时候还喜欢学驴叫。大家听着他拉长着声音，惟妙惟肖地从喉咙里发出"昂——昂——"的驴叫声，无不捧腹大笑。

后来，王粲病死了，建安文坛一片哀伤，曹丕也十分悲痛。他为好友王粲举办了隆重的安葬仪式，在仪式上，他发表讲话说："王粲这一生，一高兴就喜欢学驴叫。现在他去世了，我们也为他一人学一次驴叫，让他最后再高兴一次吧！"

于是，在庄严肃穆的追悼会现场，你"昂——昂——"地叫一声，我"昂——昂——"地叫一声，一时之间，这些文人雅士张着大嘴，"昂——昂——"不止，此起彼伏。曹丕眼中含泪，也张开大嘴，"昂——昂——"地叫了起来，一边叫，一边心里对王粲说："我的朋友，请一路走好。"

国学启示

这一章首先从鲁哀公问政入手，借孔子的回答提出了为政准则——文武之道，认为政事要好，选人是关键。而选人的关键则是看这个人的道德修养。针对道德修养，提出了德的内涵包括仁、义、礼、智四个方面，并且认为这四个方面是自然的道德法则。

其次，提出了治理天下国家的九条原则，认为实现九条原则的关键在于一个"诚"字。

再次，认为天道就是诚，也即真实无妄。圣人和天道是自然之诚，而人道往往是不诚的，要想达到诚的境界，就必须能够自我反思，并且做到"择善而固执"。也就是说，要紧紧地抓住一个"善"字。

善当然包括仁义礼智这四德。对一般人来说，要注意学、问、思、辨、行这些学习环节和原则：学习一定要能够全面掌握，否则就不要停止。自己不知道的要问别人，没有问明白也不要停止。问了以后还要思考，没有自己的体会那也不能停止。当然还要反复问辨，没有明确答案也不可停止。弄明白了，还要实行，不做到扎扎实实也不能停止。如果一个人能够用比别人多百倍的力量这样去做，即使这个人再愚蠢、柔弱，也会变得有智慧和坚强。

思考时间

1.历史上爱民如子的皇帝，你还能举出一两个来吗？

2.你有好朋友吗？你们的感情有多深？举两个例子。

君于诚为贵

国学原味

自诚明①，谓之性；自明诚，谓之教。诚则明矣②，明则诚矣。

词语解释

①自：从，由。明：明白。

②则：即，就。

句意理解

由真诚出发，自自然然地就能够明白道理，这叫作天性；从明白道理出发，然后才能做到真诚，这叫作后天的、人为的教育。由真诚出发，就会自然地明白道理；经过教育明白道理后，也就会做到真诚。

君于诚为贵

至诚君子荀令君

东汉末年，乱世之秋，出来一个人。

姓荀名彧（yù）字文若，颍川颍阴人。

他的祖上世代为官，本人才华横溢。他在曹操帐下做了谋士，建议曹操奉天子以令诸侯。

他是真的想好好地奉迎皇帝，让曹操好好地辅佐汉家天子。只是曹操后来把戏唱歪了，唱成了"挟天子以令诸侯"。

后来，曹操越来越膨胀。有人巴结他，建议他晋"公爵"、加"九锡"的时候，他可高兴了。

九锡（通"赐"）是中国古代皇帝赐给诸侯、大臣、有殊勋者的九种礼器，是最高礼遇的表示。

众文武一看曹操高兴，一股劲地请求他立时加九锡。结果有一个人，面对这种热烈场面，沉静如水，不动如山。

他说："明公，我认为不妥。"

一句话，整个酒席宴上，鸦雀无声。曹操睁大了眼睛。

"原来是你啊，文若。"曹操的声音含着一丝失望。

鸦雀无声中，荀彧的声音不疾不徐："明公，您是秉大义而起兵救危难，东征西讨，无片时安宁。这一切，上至君王，下至臣民，我们大家，有目共睹。众人都道明公是一心一意，安邦定国，忠诚谦退。若加九锡，我怕明公所做一切，都蒙上不公不正的阴影；我怕朝野民望，倒戈相向。明公，我敬您一杯酒，请您不要加九锡。"

没人说话，空气没有一丝波动。

曹操借着酒意，死盯着荀彧，良久，伸手举杯："干。"

荀彧仰脖，一饮而尽。

建安十七年（公元212年）十月，曹操继续东征孙权，荀彧照旧替他守在大本营。

走在路上，曹操越想越不对味，心里害怕。荀彧深孚人望，在朝中一呼百应，万一他带人抄了自己的老窝怎么办？

曹操上书献帝，要求荀彧到前线劳军。荀彧到了大营，曹操不放他回去，让他任参丞相军事。

曹军推进到濡须，荀彧病了，曹操只得把他留下养病。

荀彧这天正躺在床上休养，曹操派人给他送来一个食盒。

荀彧打开一看：空的。

他悲叹一声："终无汉禄可食"，服毒自尽。死时年不满五十。

想当初，董卓作乱，荀彧弃官不从。跟随曹操，他是认定曹操能匡扶汉室，所以甘心替他筹划一切，替他运粮、征兵，做背后默默支持他的人。

曹操如今也在朝堂之上像董卓一样威风八面了，他也不想再从，但是他已经不能再弃官独善其身。

这个人留给世人一个清洁、高尚、沉默的背影，荀彧是一个真正的至诚君子。

真诚的心意最重要

有一次，日本茶道大师千利休被宇治一个叫上林竹庵的人邀去参加茶事，他带了几个弟子前去赴会。竹庵见居然请得动这位老师，自然非常欢

君于诚为贵

喜，亲自为大家点茶。但是，他太紧张了，点茶的手都抖，把茶勺都给碰掉了，又把茶筅翻倒，茶筅中的水溢得到处都是，姿态与姿势都不雅极了，千利休带去的弟子们见惯了自己的师父那样清雅从容的点茶技术，此时禁不住在心里暗暗笑话这个笨拙的家伙。

可是茶会一结束，千利休却赞叹说："今天茶会主人的点茶是天下第一。"弟子们很纳闷："那样不恰当的点茶，怎么可能是天下第一呢？"

千利休说："那是因为竹庵他为了让我们喝到最好的茶，一心一意去做的缘故。那种心意是最重要的。"

其实无论是对于茶事还是天下事，最重要的都永远是真心。

有一个女人，是一家单位的清洁工，因为家庭贫困，晚上还兼职给一家"老北京糖葫芦"专卖店穿糖葫芦。

有一阵子，单位组织女工练瑜伽，专门请教练来教。她很好奇，也想学，但是不好意思。教练就说："来跟大伙儿玩玩吧，不收你钱的。"

然后她就来了。一群人里面，大概数她学得最认真。

瑜伽训练结束的时候，大家多多少少都对这个美丽的瑜伽老师有礼品相送。有送领花的，也有的送一条丝巾，这个女人显然对此也有准备，从随身带的一个塑料袋子里掏出一件大红花裙。

她捧着它，笨嘴拙舌地说："谢谢老师教我，我也想不出该送老师些什么，这个裙子，你就收下吧！"

可是，那件大花裙子色彩那么浓艳，面料也太普通，这样的东西，让人家品位高雅的老师怎么穿呢？

可是，老师的眼睛一下子亮起来，捧着大花裙一脸惊喜，"唉呀，太好看了，谢谢大姐！"然后迫不及待地把裙子穿上身，在后腰打一个漂亮的蝴蝶结，美滋滋地问大家："好看不？美不？漂亮不？"

结果，所有人都开始觉得，这个大花裙果然很美丽。

其实，美丽的不是它，是两颗真诚的心。

"诚"就是真实没有欺瞒。从真诚、诚信的角度做事做人，就具有善性了。对于我们普通人来说，先接受了有关"善"的教育，然后使自己的言行举止真诚、诚信，从而符合"善"的标准，这也是很可贵的。

思考时间

你是一个真诚的人吗？举例说明。

天下至诚，能尽其性

国学原味

唯天下至诚，为能尽其性①；能尽其性，则能尽人之性；能尽人之性，则能尽物之性；能尽物之性，则可以赞天地之化育②；可以赞天地之化育，则可以与天地参矣③。

词语解释

①尽其性：充分发挥本性。

②赞：帮助。化育：化生和养育。

③与天地参：参，古义通"叁"，即三。与天地并立为三。

句意理解

只有普天之下最真诚的人，才能充分发挥他的本性；能充分发挥他的本性，就能充分发挥世人的本性；能充分发挥世人的本性，就能充分发挥普天万物的本性；能充分发挥普天万物的本性，就可以帮助天地化育生命；能帮助天地化育生命，就可以与天地并列为三了。

武丁中兴和三顾茅庐

商朝前后绵延大约五百年，一共有三十一位帝王在位。武丁是其中的第二十三位君主。在他的不懈努力下，商王朝实现了全面重振，史称"武丁中兴"。

武丁即位初期，雄心勃勃地想复兴商朝。为此，他向天下招贤纳士。有一次，武丁听说有个叫傅说的奴隶，非常有才能。他想任用傅说，又怕大臣们因为傅说出身卑贱而反对，就想出了一个办法。

一天上朝时，他对大臣们说："先王昨夜托梦给我，说要派遣重臣来辅佐国事。"说完，就让画师按照他的描述，画了一张重臣的像，派人拿着画去找人。

派出去的人找来找去，好不容易才找到和画像长得一样的人，他就是傅说。这样一来，大臣们就不敢反对了，因为傅说是先王在梦中推荐的大贤人啊。

于是傅说走马上任，因为敬佩君主贤良，所以尽力辅佐，励精图治，仅用三年时间就开创了历史上有名的盛世——"武丁中兴"。

武丁抛却世俗偏见，勇于选贤任能，说明他对于建设好自己的国家满怀真诚，对于真正的贤能人士满怀真诚。

我们大家熟知的"三顾茅庐"的故事，主人公刘备也是一样的。

刘备势力弱小，为了寻找助力，就想请诸葛亮出山，帮助自己建设功业。

但是，他第一次带着关羽、张飞去南阳郡邓县隆中拜访诸葛亮的时候，

诸葛亮刚好出游去了，书童说不知什么时候回来。刘备只好回去了。

过了几天，天降大雪，刘备不畏寒冷，不顾关羽和张飞的反对，又带上这两个兄弟冒着大雪来到诸葛亮的家。结果又没有见到人，只好留下一封信，说明他对卧龙先生的渴想之情。

转眼过了新年，刘备特地选了个好日子，又一次来到隆中。这次，诸葛亮正好在睡觉。刘备让关羽、张飞在门外等候，他自己在台阶下恭敬地站着，静等诸葛亮醒来。过了很长时间，诸葛亮才醒来，刘备这才诚心地向他请教平定天下的办法。

诸葛亮被刘备的真诚打动，详细地给他分析了大势，确定了和曹操、孙权三分天下的具体方针。这就是有名的"隆中对"。此后，更是为了刘备的大业，做出巨大的贡献。

如果刘备自恃身份，对诸葛亮居高临下，傲慢相待，诸葛亮怎么会对他掏心掏肺，殚精竭虑，奉献一生呢？

天下至诚，能尽其性

真诚的夸赞

戴尔·卡耐基小时候很是调皮捣蛋，因为这个，学校差点开除他。老师和同学也都不喜欢他，他的父亲也特别伤脑筋，不知道怎么办。他的父亲越训斥，卡耐基却不听话。

卡耐基九岁的时候，父亲再婚。

他和继母第一次见面的时候，父亲就对卡耐基的继母诉苦，说："我的儿子是全郡最坏的男孩，我都不知道该拿他怎么办了。你要小心点，说不定他会冲你扔石头的，要不然就是干些你想象不到的事，来对你使坏。"

没想到，继母却笑着蹲下身，拉起他的手，说："亲爱的，你这话可不对。在我面前的这个小男孩，他不但不是全郡最坏的男孩，依我看，还是全郡最聪明、最能干、最有创造力的男孩，不信咱们就走着瞧。"

卡耐基在听到父亲对他的评价的时候，还在满不在乎地抖腿动肩膀，听到继母的评价，却震惊得动不了了。他睁大眼睛，看着面前这个美丽的女人，心想："她说的是真的吗？还从来没有人这样说过我呢，原来我最聪明、最能干、最有创造力吗？天啊。"

从此，卡耐基每次想要使坏、捣蛋的时候，就会想着，我不是坏男孩，我是聪明能干的男孩，我要做符合聪明能干的男孩的事情。

于是，这次夸赞简直算是改变了卡耐基的一生。他听出了这句话里的诚恳期许，从此以这句话为准绳，活成了一个了不起的人，成为美国著名的企业家、教育家和演讲口才艺术家。

国学启示

真诚的人，能把自己的善性发挥到极处，以这样的态度关怀人，就会使别人也把他们的善性发挥到极处。这样一来，万物也会得到关照，也会

各得其所，欣欣向荣。这样一来，人类就可以帮助天地化育，使自己立于与天地并列为三的不朽地位。

说出诸葛亮的一两个小故事。

真诚能够化育万物

国学原味

其次致曲①。曲能有诚，诚则形②，形则著③，著则明④，明则动，动则变，变则化⑤，唯天下至诚为能化。

词语解释

①其次：次一等的人，即次于"自诚明"的圣人的人，也就是贤人以下之人。曲，偏，一个方面。致曲：致力于某一方面。

②形：这里是动词，指显露、表现。

③著：显著。

④明：光明。

⑤化：即化育。

句意理解

一般的人会致力于某一个好的方面。致力于某一个好的方面，也就能做到真诚。做到了真诚就会外化显现，外化显现就会逐渐显著，显著了就会发扬光大，发扬光大就会感动别人，感动别人就会引起转变，引起转变就能化育万物，只有天下最真诚的人能化育万物。

真诚能够化育万物

105

小米稀饭青菜汤

唐代大诗人杜甫一生命运多舛，仕途不顺，忧国忧民却英雄无用武之地。他曾提出过"致君尧舜上，再使风俗淳"，但是唐玄宗和杨玉环正在宫里欣赏歌舞，根本不知道有这么一个人，怀揣着崇高的政治理想。

虽然杜甫曾经当过一个很小很小的小官儿，但是后来安史之乱爆发，大家都去逃难，他的官儿也当不成了，只得也带着妻儿逃难。

后来，他到了成都西南一个叫浣花溪的地方，生活条件艰苦，当地的百姓和他的朋友一起为他盖了两间小茅草屋暂住。

他的诗写得好，把普通百姓在战乱中的遭遇都通过沉痛的诗句表达了出来，赢得了很多人的尊重。有一天，一个客人给他带来一条珍贵的毛毯——杜甫和家人平时盖的被子用他自己的诗句来说，就是"布衾多年冷似铁"。现在，他捧着这条据说是产于天竺或者大秦的毛毯，十分感动，却婉言谢绝了："我只是一个贫穷的读书人，哪里用得上这么好的毯子，请你带回去吧。"

然后，他又说："请留下来吃顿饭吧。"

于是，杜甫把芦席清理干净，请客人就座；又煮了小米稀饭，做了青菜汤，来招待客人。他既不愿意让客人空着肚子离开，又觉得自己的饭菜简陋，十分不好意思："饭菜不好，请勿见怪，我的心意是真诚的。"

客人被他的真诚待人的情怀感动，觉得他真是一个高尚的人。

魏照拜师和“二素”辨症

东汉时期有一个大学者，叫郭泰。他知识渊博，品德高尚，很受当时人们的敬仰。有一个叫魏照的年轻人，拜郭泰为师，不但向他讨教问题，而且还把行李搬过去，要住在郭泰的家里。

郭泰奇怪地问他：“别人都是早上来晚上走，你为什么要住在我这里呢？”魏照诚恳地说：“我不但佩服您的学识，更佩服您的为人。有知识的老师容易找，但是能传授做人道理的却不多。我把行李搬过来，更是希望能够常伴左右，朝夕向您学习啊。”

郭泰为他的真诚的态度打动，就留下了他，对他悉心传授。后来，魏照也成了大学者。

刘完素是宋朝很有名的医学家，有一次他生了病，给自己开了许多药，但是吃了之后，病情却不见好转。这一天，他的朋友张元素来探望他。张元素也是个大夫，他给刘完素提出了自己的治疗方案。

刘完素心里有点不舒服：我自己就是个医生，如果我的病没有被自己治好，却被别人治好了，那我岂不是很没面子？

但他转念又一想：我平时不是最提倡同行间互相学习的吗？怎么轮到自己，却起了糊涂心思？于是，他就很真诚地拜托张元素帮他治病。两人一起分析病情，研究药方，找到病根，终于治好了刘完素的病症。

此后，两人经常一起交流医学上的疑难问题，医术都大有长进。

国学启示

上章谈的是圣人，这章说的是一般人。一般人也有着某一方面或者方方面面的善性，如果能够对此真诚发挥，善性就会充分表露，而且越来越光明显著。

真诚能够化育万物

思考时间

1.杜甫最有名的诗是"三吏""三别"。上网查资料，看是哪"三吏"、哪"三别"。

2.你和同学之间有互相学习的事例吗？试举一二。

最高的真诚

国学原味

至诚之道，可以前知①。国家将兴，必有祯祥②；国家将亡，必有妖孽③。见乎蓍龟④，动乎四体⑤。祸福将至：善，必先知之；不善，必先知之。故至诚如神⑥。

词语解释

①前知：预先知道。

②祯（zhēn）祥：吉祥的预兆。

③妖孽（niè）：指物类反常的现象，古人以为是不祥之兆。草木之类称妖，虫豸之类称孽。

④见（xiàn）：同"现"，呈现。蓍（shī）龟：蓍草和龟甲，用来占卜。

⑤四体：四肢。

⑥如神：像鬼神一样微妙。

句意理解

最高级的真诚，可以预知未来。国家将要兴旺，必然有吉祥的预兆；国家将要衰亡，必然有不祥的预兆。这些预兆呈现在蓍草龟甲上，表现在四

肢动作上。祸福将要来临时，如果是福，可以预先知道；如果是祸，也可以预先知道。所以最高的真诚就像神灵一样精微深妙，不可测度。

趣味故事

王维和裴迪

唐朝大诗人王维有一个好朋友，叫裴迪。

他和裴迪是个忘年交，裴迪比他小十五岁。王维做官了，而裴迪不过是一个二十多岁的小秀才。

王维在辋川有一处别墅，此地有山有水，风景优美。他和秀才裴迪走遍了辋川：

他们一起下到孟城坳，一起登上华子岗，一起来了文杏馆，一起去到斤竹岭，一起在鹿柴（zhài）消磨到天色已晚，转天又在木兰柴玩了一天。

他们在茱萸沜（pàn）看红红的茱萸果，又闻到了飘香的花椒和桂花。

他们在路上见到了遮蔽径路的宫槐，路上又走过了阴阴的绿苔。秋天山雨又多，黄叶满径无人打扫。

他们在临湖亭小坐，湖上有小舟迎来上客，一起当轩对酒，四面有芙蓉开放。

他们在欹（qī）湖吹箫，一边吹着一边回头，看到山色青青，天上翻卷着白云。

他们一起穿行在柳浪之中，看着柳影在水中倒映。

他们一起到了栾家濑，看着秋风之中，水浅浅地漱泻，水波跳荡泼溅，白鹭受惊飞起复又落下。

最高的真诚

109

他们一起喝金屑泉的水，彼此开着玩笑，说喝了金屑泉的水，少说也得活一千多岁。

他们一起走过白石滩，绿蒲一丛丛地铺展。

他们在竹里馆里一待就是一天，一个人坐在竹林里弹琴长啸，一个人背着身仰望深林明月。

他们跑到辛夷坞去看木末芙蓉花寂寞地在山中发出红萼。

他们来到漆园，想起了庄子也当过漆园吏。裴迪说，咱们来漆园一游，也就得了庄叟那样的快乐。

他们又跑到椒园来看花椒树。

两个人走一处，写一处，你写一首，我写一首，好朋友，手拉手，喝喝酒，写写诗，唱唱歌，弹弹琴。

幸得有裴迪，王维的日子过得才不那么孤寂。

后来，在安史之乱中，王维被叛军掳往洛阳囚禁，裴迪特地冒着风险去看他。他们两个是真朋友。

齐白石买假画

齐白石是一个大画家。

这一天，他得知有一家古玩店里在卖一幅《蔬香图》，画得很是不错，但是题款的字却不是他写的。

显然，这家店主卖的是假画。

齐白石就到了这家店里。

店主并不认识齐白石，只是滔滔不绝地夸耀齐白石的画多么好，而且他还把这幅画的来历说得头头是道，说这是齐白石参加宴饮之后的得意之作。

齐白石想：我既少参加宴饮，又少席间作画，这幅画又从何而来？

齐白石就说："那你开个价吧，这幅画多少钱你肯卖？"

这个店主开出一个很高的价格。

齐白石说这样吧，我给你一个比这个价格低一半还略低一点的价格吧，因为这幅画是假的，所以它只值这么多。

老板急了："你这个老先生，竟然凭空污人清白。这么好的画，怎么可能是假的？"

齐白石笑着说："因为我就是齐白石呀。"

店主羞愧万分。

齐白石问了店主这幅画是多少钱进的之后，给了他一定的盈余，真的把这幅假画买走了。

店主问他为什么这样做，他说，画有画格，人有人格，我管不到许多事情，但是总不能假冒我的画作到处去蒙人吧？这是对爱画的人不负责啊。

齐白石能成为一个德艺双馨的大画家，和他的绘画水平以及高尚人格是分不开的。

国学启示

本章说的是心诚则灵的道理，如果心灵能够达到至诚的境界，那么，两个好朋友间哪怕相隔遥远，也能够心意相通。所以，我们做人一定要真诚。

思考时间

你有几个好朋友？举两个你们之间真诚相待的例子。

最高的真诚

中庸全鉴

少儿视频版

诚为天下经

国学原味

诚者自成也①，而道自道也。诚者物之终始，不诚无物，是故君子诚之为贵。诚者，非自成己而已也②，所以成物也。成己，仁也；成物，知也③。性之德也，合外内之道也，故时措之宜也④。

词语解释

①自成：自我成全，也就是自我完善的意思。

②成己：完善自己。

③知：同"智"。

④时措：郑玄注："时措，言得其时而用也。"

句意理解

真诚是自我完善的，道是自己运行的。真诚是事物的发端和归宿，如果没有真诚，就不会有天下万物，因此君子把真诚当作宝贵的东西。不过，真诚并不是自我完善就够了，而是要使天下万物得到完善。自我完善是仁，完善万物是智。仁和智是本性的德行，是融合自身与外物的大道准则，要根据时机去施行。

小女孩的苹果

一个小女孩跟着妈妈坐火车，中途上来一个面目阴沉的乘客，衣着肮脏，所过之处众人无不掩鼻，而且都不自觉地捂紧了钱包。

看到这些举动，这个年轻的乘客眼神变得阴鸷狠毒。他在小孩的身边找到一个空位，疲惫地坐下闭目养神。

忽然，一只小手拉了拉他的衣角，他睁开眼看，小姑娘手里拿着一个苹果，正甜甜地笑着，口齿不清地说："叔叔，吃果果。"

他的手伸出去，简直不是手，就是一双在土里刨来刨去找虫子吃的鸡爪子，干瘦、漆黑、羸弱。捧着这只红红的大苹果，不知道为什么，他一下子泪如雨落。

半夜，人们昏昏而睡，这个神秘的乘客下车了。小女孩面前的小桌上放着一张纸条：

"亲爱的小姑娘，我输血的时候感染了绝症，痛恨命运不公，原打算把病毒散播给所有人，是你救了我的心灵。我会好好走完剩下的生命旅程……"

据说，如果人们对着一杯水发射"善良、感恩"等美好讯息，水分子就会结晶成无比美丽的图形；而一旦把"痛苦、焦躁、嫉妒、猜疑、怨恨"等不良讯息投射到这杯水上面，水分子的结晶就会变得支离破碎、形态丑陋。

这个试验真假与否暂且不论，但是，小女孩用一双透明纯净的眼睛看待这个男人，用她的真诚拯救了他的心灵，也拯救了不知道多少人的命运。这个世界因为她的一个苹果，变得更美好。

诚为天下经

宁教我负天下人

曹操刺杀董卓未遂，逃出京城。董卓大怒，派人追捕，并且四处张贴告示，画影图形，设下捉拿曹操的罗网。

曹操逃亡路上，还收了一个"迷弟"：中牟县令陈宫。他恨董卓无道，所以就自然觉得反董卓的人是有道，所以就挂印封金，跟着曹操一起逃了。

这天，他们逃到了吕伯奢家的庄子上。

吕伯奢是曹操父亲的好友，吕伯奢一见故人之子，高兴坏了，还替曹操拜谢陈宫呢：

"小侄若非使君，曹氏灭门矣。使君宽怀安坐，今晚便可下榻草舍"，出门给他们打酒买菜去了。

然后，曹操就听见了庄子后边传来磨刀的声音，曹操天生多疑，就怕有鬼，和陈宫偷偷去到草堂后边，只听人说："绑起来杀掉吧？"

曹操一听，有一种恍然大悟的明悟：这就对了！如今要不先下手，就被人捉了！于是和陈宫拔剑突入，不问男女，一剑一个，连杀八口。搜到厨下，却见一头猪被绑起来要杀掉。

——杀错人了。

二人着急忙慌，出庄上马，又遇见吕伯奢骑着驴打酒买菜归来。一见到他，热情招呼："贤侄，为什么这么着急要走？快跟我回去，我们畅饮一番。"

曹操满脑子汗："不了不了，忽然想起来还有急事，先走了。回头再来看望您老人家。"

说罢打马就跑。吕伯奢纳着闷，继续往回走。

结果曹操没跑几步，又回来了，吕伯奢听见马蹄声，回头一看，曹操

的宝剑闪着寒光，"唰"然一挥……

看着吕伯奢的尸身，陈宫大惊："刚才已经杀错了，如今你怎么又杀？"

曹操说："不得不杀，否则他一家被我们灭门，怎么肯善罢甘休？如果率众人来追，我们就有祸事了。"

陈宫说这就不仁义了。曹操说："宁教我负天下人，休教天下人负我。"

所以说曹操是奸诈之人的典范。

国学启示

真诚不仅仅是一种内在的品质，或者说是自我的道德完善，我们还要把真诚外化到他人和一切事物当中去。自己真诚了，别人真诚了，大家都真诚了，真诚像空气一样无处不在，无时不在，那么这个世界就是一个真诚的美好世界；否则，这个世界就会遍布荆棘，人们步履维艰。

思考时间

你觉得人与人之间应该真诚相待吗？如果失去了真诚，会引发什么后果？

圣人和天地同德

国学原味

故至诚无息①，不息则久，久则征②，征则悠远，悠远则博厚，博厚则高明。博厚，所以载物也③；高明，所以覆物也④；悠久，所以成物也⑤。博厚配地，高明配天，悠久无疆⑥。如此者，不见而章⑦，不动而变，无为而成。

词语解释

①无息：不间断，不停止。

②征：征验，表征，显露在外的意思。

③载物：负载万物。

④覆物：覆盖万物。

⑤成物：成就万物。

⑥无疆（jiāng）：没有尽头。

⑦见（xiàn）：同"现"，显现。章：彰明。

句意理解

所以说，至高的真诚是不会停息的，不停息就会长久保持，长久保持就会显露在外，显露在外就会悠久长远，悠久长远就会广博深厚，广博深厚就会高大光明。广博深厚，就能够承载万物；高大光明，就能够覆盖万物；悠远长久，就能够成就万物。广博深厚可以和大地相配，高大光明可以和长天相配，悠远长久就是时间上的永无止境。达到这样的境界，就算不特意显现也会自然显现，就算不特意运动也会自然发生改变，就算是无所作为也会有所成就。

国学原味

天地之道，可一言而尽也①：其为物不贰②，则其生物不测③。天地之道：博也，厚也，高也，明也，悠也，久也。今夫天，斯昭昭之多④，及其无穷也，日月星辰系焉，万物覆焉。今夫地，一撮土之多，及其广厚，载华岳而不重⑤，振河海而不泄⑥，万物载焉。今夫山，一卷石之多⑦，及其广大，草木生之，禽兽居之，宝藏兴焉。今夫水，一勺之多，及其不测⑧，鼋、鼍、鲛、龙鱼鳖生焉⑨，货财殖焉。

词语解释

①一言：即一字。言，即字。这里的"一言"指的就是"诚"字。

②物：指天地。不贰：只是一个。这里指只有一个天地。

③物：指万物。不测：不可测度。这里指生物之多。

④斯：此。昭昭：光明的样子。

⑤华岳：即华山。

⑥振：整顿，整治，引申为约束。

⑦一卷（juǎn）石：一拳头大的石头。卷，同"拳"。

⑧不测：不可测度。这里指浩瀚无涯。

⑨鼋（yuán）：一种大鳖。鼍（tuó）：又名中华鳄，扬子鳄。俗名土龙，猪婆龙。分布于长江中下游，是中国特有的一种鳄鱼，是世界上最小的鳄鱼品种之一。它既是古老的，又是现存数量非常稀少、世界上濒临灭绝的爬行动物。

句意理解

　　天地的法则，可以用一个"诚"字概括：天地是独一无二的，但是它可以生成不可计算的万事万物。天地的法则:就是广博、深厚、高大、光明、悠远、长久。今天我们所说的天，从小处看只是一点点的光明，可到它无边无际时，日月星辰都得靠它维系运转，世上万物都得靠它覆盖保藏。今天我们所说的地，从小处看只是一撮土，可到它广博深厚时，就是承载像华山那样的崇山峻岭也不觉得沉重，容纳众多的江河湖海也不会泄漏，世上万物都要靠它来承载。今天我们所说的山，从小处看只是拳头那么大的石块，可到它高大无比时，草木可以在上面生长，飞禽走兽可以在上面居住，宝藏能够在里面储藏。今天我们所说的水，从小处看只是一勺之多，可到它浩瀚无涯时，鼋、鼍、鲛龙、鱼鳖等都在里面繁衍生长，各种宝贝也都在里面保存、生长、繁殖。

圣人和天地同德

国学原味

《诗》云①："维天之命，于穆不已②！"盖曰天之所以为天也。"于乎不显③，文王之德之纯！"盖曰文王之所以为文也，纯亦不已。

词语解释

①《诗》云：此诗引自《诗经·周颂·维天之命》。

②于（yú）：语气词。穆：肃穆。不已：不停止。

③不：同"丕"，大。显：明显。

句意理解

《诗经·周颂·维天之命》说："天道的运行，这是多么庄严肃穆的事啊，它永远都不会停止！"这大概说的是天之所以为天的道理吧。这首诗里又说："啊！多么显赫光明啊，文王的道德是那样纯正！"这大概说的是周文王之所以被称为文王的道理，他的心性高洁、道德纯正也是与世长存的。

趣味故事

盘古开天

大约在三百二十六万七千年以前，茫茫的太阳系有一颗小小的球。这颗小小的球体内部，一片混混沌沌，不知道哪里是上，也不知道哪里是下；不知道哪里是清，也不知道哪里是浊；不知道哪里是黑，也不知道哪里是白。至于东西南北，也是没影儿的事。就像鸡蛋壳里包着一片混沌的雾气，雾气的中间有一粒小小的核儿。

这粒小小的核儿里，睡着一个叫盘古的神。

他睡啊，睡啊，一气儿睡了一万八千年。

当他睡醒的时候，遇见的就是这种境况：张开眼睛，一片迷蒙。

他憋得难受，拔下一颗牙，随手一晃，就变成一只巨斧。然后，他抓着巨斧，随手那么一抢——

"鸡蛋"被他砍成了上下两截。那些轻薄的、清亮的东西就向上飘啊飘；而那些沉重的、闷浊的东西，就往下沉啊沉。往上飘的，就变成了天；往下沉的，就变成了地。

他一斧子就把这个球剖开，分出了天地，多么了不起。他自己呢，头顶着天，脚踏着地，威风凛凛。

但是，天不够高，地不够广，怎么办？

他就像一根大柱子一样，不停地长个儿。他一天长两丈，天就一天升高一丈，地就每天增厚一丈。就这样长啊长啊，又一万八千年过去了，天变得又高又远，看得见，摸不着；地变得又厚又广，踩不塌，也丈量不完。他这根"柱子"仍旧上顶天，下立地，就这样和天地共存了一百八十万年。

但是，他太累了。终于，他缓缓地倒了下去。刹那间，他的左眼飞上天空，变成熊熊的烈日；他的右眼飞上天空，变成了清凉皎洁的明月；他的眼睛有泪落下，又纷纷飞上天空，变成了万点繁星；他的汗珠飞扬洒下，

圣人和天地同德

119

变成了地面上星星点点的湖泊；他的血液变成了奔腾不息的江河；他的头发变成了森林，他的汗毛变成了草原，他呼出的最后一口气，变成了拂面的清风和穿山绕涧的云雾，他最后发出的呐喊变成了隆隆的雷鸣……

伴随着雷鸣轰轰，风声阵阵，他的身躯轰然砸向地面，原本平坦的地面这里那里地耸起了好几座高山：东岳泰山，那是他的头颅化成的；西岳华山，则是他的脚化成；南岳衡山，是他的左臂化成；北岳恒山，是他的右臂化成；中岳嵩山，是他的躯干化成。

从此世界上阳光普降，月色清凉，雨露甘美，江河奔腾，万物滋生，人类，也开始繁衍。

盘古，是我国古代神话故事里开天辟地的大英雄。

天地不言，而化生万物。盘古不言，而开天辟地。

女娲造人

漫漫无际的大荒之间，数万年的光阴轰然驰过。头顶有太阳和月亮东升西落，地上有草木润泽。飞禽翔鸣，走兽咆哮。

不知道什么时候，一个女神出现了，她就是女娲。她行走在荒野中，觉得很孤独。

也不知道走了多久，她累了，坐在水边，以水为镜，映出面容。她心里一动：为什么不照着自己的模样造一种生物出来呢？这种生物能像自己一样哭和笑，也能和自己说说话。

于是，她就从岸边挖起一团湿泥，照着自己映在水里的模样，这么团团，那么揉揉，这里揪揪，那里戳戳。渐渐地，湿泥在她的手里成了形，变成一个小小的娃娃。

她把这个小娃娃放在地上，但是这个小娃娃不会走，也不会跑，只能呆呆地站着。她冲着这个娃娃呵了一口气，瞬间这个娃娃就活起来，动动胳膊动动腿，扭扭屁股扭扭腰，冲着她张开手臂，清脆地叫了一声："母亲！"

女娲笑了起来，她一笑，天上云蒸霞蔚，地上飞禽走兽合鸣，庆祝世间一个新的物种诞生。

女娲指着这个小娃娃说："你就叫'人'吧。"

"我有名字啦，我有名字啦。"小娃娃跑着，跳着，鸟儿振翅飞来，叽叽喳喳，应和着他喜悦的心情。

但是，女娲想，"人"只有一个，太孤单了。如果自己走了，谁陪他呢？

干脆，她想，多做一些吧，让他们和自己做伴，也让他们彼此做伴。

于是，她就日夜不休地忙碌起来，挖起一团团的黄泥，一点一点地细致地给他们塑形点窍，呵气生灵，眼看着这些"人"蹦蹦跳跳地跑走。

天色暗了，月亮高高挂在天空；月亮落下了，太阳又高高地挂在天空……不知道过了多少个日夜，女娲臂膀酸痛，手指红肿，眼睛流泪，实在是困得不行、累得不行。大地如此广袤，这些个小小的"人"数量太少了。

于是，她就想了一个法子，从高耸的崖壁上拉下一条枯藤，伸入一个泥潭里，再猛地往上一提，向外一抡，洒下无数的泥点子。她"呼"地一口仙气吹过去，这些泥点子就都像以前的黄泥人儿一样，蹦蹦跳跳地活了，围着她转圈圈。

又不知道过了多久，她觉得够了，才停下了工作。这个世界上，第一批人类出现了……

这个神话故事讲出了"人"的诞生，也间接地表达出了一个观点：人是和神一样，有着神性的。

国学启示

圣人的特性就是至诚，他的最大的真诚是永远不会间断的。他的内心

长长久久都是真诚的，这种真诚就会发散到外面，辐射到世界，就像一种美好的能量，长期积累，进到高明的境界，从而可以和天地相比，如地之承载万物，也如天之覆盖万物。天地生物之道和圣人也是一样的，天地的特性也是博厚、高明、悠久的，所以圣人和天地同德。

思考时间

除了盘古开天和女娲造人，还有一个"女娲补天"的神话故事，你知道是什么情节吗？如果不知道，上网搜一搜；如果知道，讲给爸爸妈妈听。

人生立大志

国学原味

大哉圣人之道！洋洋乎①！发育万物，峻极于天②。优优大哉③！礼仪三百④，威仪三千⑤，待其人而后行。故曰：苟不至德⑥，至道不凝焉⑦。故君子尊德性而道问学⑧，致广大而尽精微⑨，极高明而道中庸⑩。温故而知新，敦厚以崇礼。是故居上不骄，为下不倍⑪。国有道，其言足以兴；国无道，其默足以容。《诗》曰⑫："既明且哲⑬，以保其身。"其此之谓与！

词语解释

①洋洋：盛大，广远无涯。

②峻极：高峻到极点。

③优优：充足。

④礼仪：古代礼节的主要规则，又称经礼。

⑤威仪：古代典礼中的动作规范及待人接物的礼节，又称曲礼。

⑥苟：如果。

⑦凝：凝聚。

⑧问学：询问，学习。

⑨致：推致。尽：达到。

⑩极：极致，达到最高点。高明：名词，指德行高远明亮。道：取道，遵行。

⑪倍：同"背"，背弃，背叛。

⑫《诗》曰：此诗引自《诗经·大雅·烝民》。

⑬哲：有智慧。

句意理解

　　圣人的道太伟大了，像大江海一样浩瀚。它使万物生长发育，崇高之处可与天比肩。它是如此的取之不尽，充足宽裕，大的礼仪有三百项，细的仪节有三千条，这些都等着有德之人来施行它。所以说：如果人没有崇高的德行，极高的道就算是有，也不能凝聚下来。因此，君子既尊崇道德，又追求学问，既能够达到广博的地步，又能穷尽精微奥妙所在，既能达到高明的境界，又能遵循中庸的道理。温习旧有的知识，就能够获取新的知识，既笃实敦厚，又崇尚礼仪。因此就算是身居高位也不会骄傲忘形，身处低位也不会悖逆无德。国家政治清明时，他说的话、发表的言论可以使国家振兴；国家政治黑暗时，他的沉默足以保全自己。《诗经·大雅·烝民》说："既明智又通达事理，可以保全自身。"大概说的就是这个意思吧！

人生立大志

诸葛亮的一生

诸葛亮是三国时期杰出的政治家、战略家、发明家、军事家。

刘备三顾茅庐，请他出山，他为刘备制定了三分天下的战略方针，又为刘备寻找战略同盟。过江东舌战群儒，说动孙权和刘备联盟，在赤壁之战中大破曹操的百万雄兵，天下真的就此三分。

此后，他继续为刘备运筹帷幄之中，决胜千里之外，大大小小战役战斗，不计其数。他和曹操斗，和孙权斗，和刘表斗；和天时斗，和地理斗，和人文斗；争地盘，争兵员，争粮草，争民心。

后来，刘备要死了，临死之前，嘱托诸葛亮，说：若是我的儿子刘禅的才干足以让你辅佐，你就辅佐之；如果他没本事，那你就取而代之。

诸葛亮顿首哭拜，说主公您说哪里话来！亮自当竭忠尽力，辅佐幼主，鞠躬尽瘁，死而后已。

他说到了，也做到了，从此他就是刘禅的相父。他和刘禅名为君臣，实如父子，事无巨细，都听他调度。从此蜀汉天下，以他为尊。可是他却没有一星一毫的谋权篡位的野心。

公元226年5月，魏文帝曹丕死，诸葛亮决定出征伐魏。他要去打天下，又实实在在对留守国都的刘禅这个傻孩子放心不下，于是就像天下每一个父母一样，千叮万嘱，写成了《出师表》这篇千古名文。

他说他自己："臣受命之日，寝不安席，食不甘味。"这十三个字，是诸葛亮这么多年来的生活状态。他大脑整日高速运转，能睡得着、吃得香才怪。

可以说，他是为了蜀汉天下，把自己活活累死的，真的做到了"鞠躬

尽瘁，死而后已"。

临死，他勉强支起病体，让人把他扶上小车，出塞遍观各营；自觉秋风吹面，彻骨生寒，长叹道："再不能临阵讨贼矣！悠悠苍天，曷此其极！"

他只活了五十四岁。

诸葛亮曾经跟刘禅说，他在老家成都有八百棵桑树，十五顷薄田，足可以供给子孙。又说："臣在外任职，衣食皆由国家供给，无须再置产业，添家财。待臣去世，要让家无余物，外无余财，否则便是辜负陛下恩宠与信任。"

他死后，后人检点他的家财，果然和他说的一样。他遗言将自己葬在定军山，墓穴仅能容纳棺材，没有一点陪葬品。

他给儿子写过一封信，就是后世有名的《诫子书》："夫君子之行，静以修身，俭以养德。非淡泊无以明志，非宁静无以致远。夫学须静也，才须学也。非学无以广才，非志无以成学。淫慢则不能励精，险躁则不能冶性。年与时驰，意与日去，遂成枯落，多不接世，悲守穷庐，将复何及！"

这封短短的家书，寄托着一个父亲的殷殷厚望。他用他一生行状，为儿子立下了榜样。他要儿子静以修身，这样就没有浮躁之气；他要儿子俭以养德，这样就没有奢侈之举、悖德之行。他要儿子淡泊宁静，因为他自己就淡泊宁静。他要儿子爱学习，立大志，后世的人都跟随他的教德，学以广才，志以成学。他给儿子，也给后世人，树立了一个"君子"的模板。

张载的故事

张载是宋朝人，出生于长安，其名出自《周易·坤卦》："厚德载物"。

当时，西夏常常扰边，为了求得暂时和平，大宋朝廷就年年给西夏送钱送东西。张载特别不赞成，他二十来岁的时候，写成《边议九条》，向主

持西北防务的范仲淹上书，打算和别人组织民团，夺回被西夏侵占的土地，为国家建功立业。

范仲淹召见了他，也赞扬了他保卫家乡、收复失地的志向，不过，他认为张载是个儒生，不须去研究军事，勉励他去读《中庸》，精研儒学。

于是张载回家刻苦攻读《中庸》，后来又读了许多佛家和道家的书，最终仍旧选定了儒家学说作为主攻方向。刻苦攻读十来年后，逐渐形成自己的思想体系。

在他三十八岁的时候，他考中了进士，和苏轼、苏辙两兄弟同榜。

因为他各种学派的学说都研究精深，在候诏待命的时候，还受宰相宰相文彦博的支持，在开封的相国寺设虎皮椅讲《易》。

此后，他先后就任各种官职。无论担任何种官职，他都重视道德教育，提倡尊老爱幼的社会风尚。

宋神宗当政的时候，有官员向神宗推荐张载，称赞张载的学问根源深厚，涉猎广泛，四面八方的学者都以为他宗。于是神宗召见张载，向他询问如何治国理政。

张载以上古君王治理国家的经验和故事来答复皇帝，神宗非常满意。他有一句名言，一直流传至今，为人传颂不衰，它就是："为天地立心，为生民立命，为往圣继绝学，为万世开太平"。如果没有这样的志向，他是不会取得卓然的成就的。

国学启示

圣人之道像天一样广博浩瀚，能生养万物。圣人之道必须由高尚道德的人来承担，但是，想要成就高尚道德，就必须加强修养。所以君子应该既尊崇道德，又追求学问，二者有机结合，才能体现至高的圣人之道。

人有不同的社会地位，世道清明的时候，可以畅所欲言，因为这样可以使国家振兴。政治混乱时，要保持沉默，这样也好保全自己。就像孟子

所说的"穷则独善其身，达则兼善天下"（《孟子·尽心上》）。

思考时间

你对诸葛亮了解多少？说出有关他的一两个小故事。

食古不化者傻

国学原味

子曰："愚而好自用①，贱而好自专②，生乎今之世，反古之道③。如此者，灾及其身者也。"非天子，不议礼④，不制度⑤，不考文⑥。今天下车同轨，书同文⑦，行同伦⑧。虽有其位，苟无其德，不敢作礼乐焉；虽有其德，苟无其位，亦不敢作礼乐焉。子曰："吾说夏礼⑨，杞不足征也⑩；吾学殷礼⑪，有宋存焉⑫；吾学周礼⑬，今用之，吾从周。"

词语解释

①自用：自以为是，刚愎自用。

②自专：独断专行。

③反：同"返"。

④议礼：议订礼制。

⑤制度：制，制订。度，法度。

⑥考文：考订规范文字。

⑦书同文：指字体统一。

⑧行同伦：指伦理道德相同。

⑨夏礼：夏朝的礼制。

食古不化者傻

⑩杞：国名，传说周武王封夏禹的后代于此，故城在今河南杞县。征：验证。

⑪殷礼：殷朝的礼制。

⑫宋：国名，商汤的后代居此，故城在今河南商丘县南。

⑬周礼：周朝的礼制。

句意理解

孔子说："自身愚昧却喜欢自以为是，地位卑贱却喜欢独断专行，生在现代却一味返古。这样做，灾祸一定会降到这种人的身上。"不是天子就不要议订礼制，不要制订法度，不要考订规范文字。现在普天之下，车子的轮距是一致的，文字是统一的，伦理道德是相同的。虽然有地位，但是如果没有德行，也是不能制作礼乐制度的；虽有德行，如果没有地位，也是不能制作礼乐制度的。孔子说："我要说夏朝的礼制吧，夏的后裔杞国已经不能验证它了；我要学习殷朝的礼制，好在殷的后裔宋国还残存着它；我学习周朝的礼制，现在普天之下还实行着它，所以我遵从周礼。"

趣味故事

刘羽冲食古不化

唐朝时，有一个叫房琯的文官，在"安史之乱"时，被唐肃宗委以平叛重任。

他完全照搬古时战国战法，搞一大堆牛车绑上刀剑武器，用这些来冲锋陷阵打头阵。叛军本来就来自北方，纵横草原，专治各种牲口不服。知道牛怕惊，一通敲锣打鼓，牛群就乱了，唐军猝不及防，被自家的牛

先锋给冲撞得七零八落，不成阵形。再被叛军趁乱一冲，多少生命死伤殆尽。

像这样的人，还有不少。清朝纪晓岚写的《阅微草堂笔记》里，就记载了这样一个故事：

一个叫刘羽冲的人，性格孤僻，喜欢讲究古制。

他偶然得了一部古代的兵书，就伏案熟读，自己感觉可以统领十万军兵冲锋陷阵了。

正巧当时乡里出现土匪，刘羽冲就自己训练乡兵与土匪们打仗，然而全队溃败，自己也差点被土匪捉去。

后来他又偶然得到一部古代的水利书，又伏案熟读数年，自己认为可以有能力使千里荒地成为肥沃之地。

于是，他绘制了地图去州官那里游说进言，州官就让他用一个村落来尝试改造。结果水渠刚造好，洪水就来了，顺着水渠灌进来，全村的人几乎全被淹死变成了鱼。

从此他就变得神经了，老是一个人发呆，自言自语说："古人怎么可能会欺骗我呢！"

不久他就病死了。

于是，纪晓岚在这个故事后面说："满腹都是经书会对事情的判断造成危害，但是一本书也不看，也会对事情的判断造成危害。下棋的大国手不会废弃古代流传下来的棋谱，但是不会很执着于旧谱；高明的医生不会拘泥于古代流传下来的药方，但是经验里也不会偏离古方。"

如果一味地食古不化，可就真的变成一个自以为是的傻子了。

车同轨，书同文

战国时代，诸侯国之间的度量衡是不一样的。这个是什么概念呢？就比如说，秦国的车轮可能比燕国的大，燕国的车轮可能比赵国的大，赵国的车轮可能比魏国的大，魏国的车轮可能比齐国的大……

秦始皇嬴政当上了皇帝，征服了其他国家，把别的国家的工匠都集中起来为自己造车。

大家热火朝天地干了起来，到最后把车轮组装到马车上后，却傻眼了：同一辆马车的两个轮子不一般大，因为左轮是原来的赵国的工匠造的，右轮是原来的魏国的工匠造的……

这可怎么跑！

而且，不同的马车的车轮也都不一样大，因为大家都是按照以前的尺寸来造的。这么一来，秦始皇出巡的时候，坐着歪歪倒倒的马车，后面的文武百官也都坐着歪歪倒倒的马车，这还能看吗？

秦始皇就是发现了这个问题，所以才下令"车同轨"的——就是按照统一的标准来造车轮。这样一来，这马车就坐得舒坦了。

而且，秦始皇还修了那个年代的马路，叫作"驰道"。全国范围内，驰道的宽度是固定的。当时又没有胶皮车轮，就是木头做的车轮，没有减震装置，马车行进的时候会把土路轧出深深的车辙。在没有执行"车同轨"的命令的时候，不光是车轮的大小不一样，而且车的大小也不一样，车轴的间距也不一样。于是你看吧，这些马车在驰道上飞奔来去，不定什么时候就会翻车。就是不翻车，也会把车给颠得散了架。

自从"车同轨"后，车轴的间距也是一样的，后面的车完全可以跟着前面的车辙走，一点都不冲突，既不伤车，又能提高速度。

"书同文"也是一个道理。六国使用的语言不一样，就好比河南人说河南方言，山东人说山东方言，河北人说河北方言。秦始皇统一六国，大家都在一起上班，谁也听不懂谁说话，只能好像听见一坑青蛙呱呱呱……

不同国家使用的文字也不一样，就像现在中国人要看英国人写的书，英国人要看西班牙人写的书，如果不加学习和培训，怎么能看得懂呢？秦始皇下令大家都学习一样的文字，这样沟通交流就方便多了！

所以说，要根据实际情况来制定实际的措施，万万不可泥古不变，食古不化，否则真的就变成傻子了。

国学启示

孔子主张"克己复礼"，看似他是一个推崇古礼的人，但是，孔子所要复的礼，恰好是那种"今用之"的"周礼"，而不是"古之道"的"夏礼"和"殷礼"。因为按照孔子的话来说，夏礼已经不可考证了，而殷礼虽然还在它的先世宋国那里残存着，但毕竟不是"当世之法"，也已经是过去式。所以，我们不能给他扣上一个复古的大帽子。

思考时间

说起独断专行，你理解这个词的意思吗？你的身边有没有独断专行的人？

德行不需要证明

国学原味

王天下有三重焉①，其寡过矣乎！上焉者②，虽善无征，无征不信，不

信民弗从。下焉者③，虽善不尊④，不尊不信，不信民弗从。

词语解释

①王（wàng）天下：称王天下，统治天下。王，作动词用，称王。三重：指上一章所说的三件事：仪礼、制度、考文。

②上焉者：指夏、商时代的礼制。

③下焉者：指在下位的人。

④不尊：没有尊位。

句意理解

治理天下能够做好议订礼仪、制订法度、考订文字这三件重大的事，那就基本上没有过失了吧！夏商的制度虽好，但已经无法验证，如果没有验证的话，人们就不能信服，不能使人信服，人们就不会遵从。身在下位的人，虽然美德傍身，但是地位不高，地位不高的人也不能使人信服，既然不能信服，人们就不会跟从。

国学原味

故君子之道，本诸身①，征诸庶民②。考诸三王而不缪③，建诸天地而不悖④，质诸鬼神而无疑⑤，百世以俟圣人而不惑⑥。质诸鬼神而无疑，知天也；百世以俟圣人而不惑，知人也。是故君子动而世为天下道⑦，行而世为天下法，言而世为天下则。远之则有望⑧，近之则不厌。

词语解释

①本诸身：本源于自身。诸，"之于"的合词，以下同。

②征：验证。

③三王：指夏、商、周三代君王。缪（miù）：同"谬"，谬误。

④建：立。悖：违背。

⑤质：质询，询问。

⑥俟（sì）：待。

⑦道：同"导"，先导。

⑧望：威望。

句意理解

　　所以君子治理天下，要从自身的德行出发，从民众那里得到验证。考查夏、商、周三代先王的制度而没有谬误之处，立于天地之间而不悖逆自然，质证于鬼神而没有疑问，等到百世以后圣人出现也不会产生疑惑。质证于鬼神而没有疑问，这是因为知道天理；等到百世以后，圣人降生，也不会产生疑惑，这是因为知道世道人情。因此君子的举动能世世代代为天下的先导，行为能世世代代成为天下的法度，语言能世世代代成为天下的准则。对于离得远的人，君子有威望，对于离得近的人，君子不会使人厌倦。

国学原味

　　《诗》曰①："在彼无恶，在此无射②。庶几夙夜③，以永终誉④。"君子未有不如此而蚤有誉于天下者也⑤。

词语解释

　　①《诗》曰：此诗引自《诗经·周颂·振鹭》。

　　②射：厌弃的意思。

　　③庶几（jī）：几乎。夙（sù）夜：早晚。

　　④永：长。终誉：死后的名声。

　　⑤蚤：即"早"。

句意理解

　　《诗经·周颂·振鹭》说："在那里没有人憎恶，在这里没有人厌烦。希望能够日夜操劳，以保全死后的名声。"君子没有不这样做而能够早早在天下盛名永播的。

德行不需要证明

孔子周游列国

　　大约公元前496年，孔子已经五十五岁了。他离开鲁国，周游列国十多年，行程几万里。

　　当时天下纷争，上层人物钩心斗角，下层百姓朝不保夕。他想要游说诸侯国的国君，推行自己的政治理想，重建天下的秩序，结束各国间的纷争，回归国泰民安的尧舜之道。

　　于是，他带着一群弟子，长途颠簸，辗转迁徙，从一个诸侯国，到另一个诸侯国。

　　他在卫国的时候，有一天，卫灵公看着天上的大雁，不知道神游到了哪里。孔子拱袖站在他的身边，向他说着治国的大道理。孔子说啊，说啊，卫灵公就是不理他。孔子一看，算了，这是不欢迎自己啊。于是，他只好打起行李，带着弟子们走了。

　　一路上，弟子们有的骑一匹瘦马，有的步行，围着老师的车驾，叽叽喳喳，说什么的都有。孔子什么也没说，只是叹息了一声。

　　他们这一行人走过了中原，走过了荆楚，走过了齐鲁，白天孔子在树下给弟子们传经布道，晚上有钱就睡睡小客店，没钱就在树底下存身。

　　这天，他们到了宋国，看到的景象是百姓吃不上饭，骨瘦如柴，路边倒毙；达官贵人锦衣玉食，歌舞侑酒。宋国的一个大夫叫司马桓魋的，给自己造大大的石棺，造了三年都没有完工。石匠和采石工、搬运工，不知道死了多少人。

　　孔子气死了，骂司马桓魋："这种人，早死早好！"

结果司马桓魋听说了，带着人跑到城外找孔子的麻烦。孔子只得逃走。

他们又到了郑国。也不知道怎么的，孔子居然和他的学生们走散了，他只好在郑国都城的东门外边等着。他又累又饿，脖子伸得长长的，饿得一脑门子虚汗，失魂落魄，无精打采。行人来来往往，看着这个人指指点点："看，那个人在干什么？"

另一个人就捂着嘴偷偷笑："好像丧家犬。"

学生子贡正在城里匆匆地找他呢，有一个书生模样的人告诉他，说你去东门外边的城墙下看看吧，那儿有一个人，额头像尧，脖子像皋陶，腰部以下比大禹短了三寸，一副狼狈不堪的形状，活像一条丧家犬，说不定就是你要找的人。

子贡赶紧跑去一看，不是老师是谁！他告诉孔子，有人说他像丧家犬。孔子呵呵地笑了：对呀对呀，我确实像一条丧家犬。

确实，你看他吧，带着一群弟子，从鲁国出发，卫国、宋国、郑国、陈国、齐国、赵国、楚国……哪个国家没有走到？哪个国家理他了？大家都忙着打仗，他始终找不到一个能真正接纳他的学说、推行他的学说的国家，可不是跟丧家犬一样吗？

他不光是像丧家犬，他还曾经被人扣留，拿绳子绑起来，如果不是被人解救，他就不是丧家犬了，变成待宰的猪羊了。

德行不需要证明

135

他被隐士嘲笑，被老农嘲笑，被楚人嘲笑，但他始终坚持道义，我行我素。他和弟子们在陈蔡被兵马围困，九天只吃了三顿饭，人人都饿得要倒，孔子仍旧盘腿坐着给大家讲周礼，讲尧舜……

他推行的仁义道德，终于在后世长长的历史中占据了主流地位，他也被一代又一代的封建帝王奉为孔圣人、至圣先师。

王阳明看人

王阳明是明代哲学家，被后人称为"小圣人"。

王阳明在读书的时候，有一天问老师："何谓第一等事？"

就是说，人生在世，最重要的事是什么？

老师回答："当然是读书做官喽。"

王阳明说："我认为不对。第一等事应该是读书做圣贤。"

他是这么说的，也是这么做的，所以他很致力于挖掘人心中的闪光点。

他在庐陵做县令时，抓到一个大盗。

大盗什么都不肯招认，只是脸皮厚地说："要杀要剐随便。"

王阳明说："行吧，那今天就不审了。天这么热，你把外套脱了，咱们随便说说话。"

大盗二话不说把外套脱了。

一会儿，王阳明又说："把内衣也脱了算了，你看这鬼天气。"

大盗迟疑了一下，内衣也脱了，还自我安慰说："反正是大老爷们，怕什么，光膀子就光膀子。"

再过一会儿，王阳明说："你看你都光膀子了，干脆把内裤也脱了？一丝不挂不是更爽？"

大盗赶紧捂着内裤，再也豪爽不起来了。

王阳明看着他的眼睛说："你死都不怕，叫嚣着让我杀你剐你，结果你居然还在乎一条内裤？那看来你也不是没有廉耻之心的嘛，还不算一无是处。"

王阳明有一个学生，叫王艮（gèn）。这个人啊，傲慢得不行不行的，觉得全天下的人除了他，都不行。

王阳明屡次告诉他："人人都能成为圣人"，他说什么都不肯信。

一次他出外回来，王阳明问他在外面见到了什么，他就讽刺地一笑，说："我看见满大街都是圣人。"

结果王阳明回了他一句："你看满大街都是圣人，满大街的人看你也是圣人。"

你看，这就是王阳明对于世人的宽厚了。他知道世人有各种各样的毛病，但是他也愿意相信，世人能够变成圣人。而当你用圣人之眼去看待世人的时候，世人看你，也就像看待圣人一样了。这是一个彼此宽厚以待、彼此回馈尊重的过程。

国学启示

孔子虽然有美德，但他没有占据尊贵的社会地位，就没有办法议礼、制度、考文。不过他能够本着他自身的道德，身体力行，取信于人，而且还能够经得起历史考验，和自然规律相合而不是相悖，这样一来，他的一言一行一样可以成为天下的道理、法度、准则，众望所归。

思考时间

孔子为了推行他的学说，百折不挠。我们在学习上遇到困难，怎么能半途而废呢？反省一下自己，你有没有过半途而废的情况？

德行不需要证明

万物共生而不相害

国学原味

仲尼祖述尧、舜①，宪章文、武②，上律天时，下袭水土③。辟如天地之无不持载，无不覆帱④；辟如四时之错行⑤，如日月之代明⑥。万物并育而不相害，道并行而不相悖。小德川流，大德敦化⑦，此天地之所以为大也！

词语解释

①祖述：效法遵循前人的学说或行为。

②宪章：以……为宪章，遵从，效法。

③袭：沿袭，承袭，与上文的"律"在此处都是符合的意思。

④覆帱（dào）：覆盖。

⑤错行：交错运行。

⑥代明：交替光明。

⑦敦化：以纯朴化被万物。

句意理解

孔子从远的来说，以尧、舜之道之宗，从近的来说，以周文王、周武王为典范，上遵天时，下合地理。就如同天地那样没有什么不去承载，没有什么不去覆盖；又好像四季的交错运行，日月的交替光明。万物共同生长而互不妨害，道路同时并行而互不冲突。小的德行像河水一样长流不息，大的德行使万物敦厚纯朴，这就是天地之所以伟大的原因啊！

苹果的欲望

1806年春天的一个下午，一条奇怪的、由一对挖空的原木捆扎成的粗糙双体筏，顺着俄亥俄河懒洋洋地顺流漂下。其中一个船斗里躺着一个三十来岁、皮包骨头的瘦小男人；另一个船斗里，苹果种子堆积如山，为了躲避烈日，都被很细心地包裹上了泥土和苔藓。

这个在独木舟中打盹的家伙，就是俄亥俄鼎鼎大名的"苹果佬"约翰·查普曼。

可以毫不夸张地说，查普曼用这条小船，往荒野僻壤载去了整整好几座果园。他把造酒的礼物带到边疆。另外，还有一个很重要的原因，那就是荒凉的美国西部边疆正待开发，一棵正常的苹果树需要十来年的时间才能结果，一座果园就是持续定居下来的标志，因此，西北边疆的土地使用许可特别要求：居者要"种植至少50棵苹果树"。而且，两百年前，人们要想得到有关"甘甜"的体验，只能靠果肉来提供。这就是苹果提供给查普曼时代的美国人的东西。

就这样，查普曼卖出了他的30万株没有嫁接过的种子长成的苹果，在整个美国的中西部开创了苹果的黄金时代。

查普曼到最后是作为一个流浪着的富翁去世的；美洲得到了查普曼带去的苹果，就此把荒野永久性地变成了家园；而苹果得到了什么呢？它得到了一个黄金时期：有数不清的新品种，半个地球成了它的新的生长地。

苹果非常主动热情地参与到了自己的驯化过程当中。它非常急切地想和人类做交易，来扩大自己的地盘。它们诱惑，它们哄骗，它们奉献甘甜，

万物共生而不相害

139

它们一步步引导人类，去实现自己的欲望。

你看，植物就是这么聪明。小麦和玉米煽动人类砍倒大片森林，以便为种植它们腾出空地，这就是我们的农业。与其说我们驯化了小麦和玉米，不如说，这些草本植物利用人类打败了大森林。

原来，这个世界除了可以说成"我们"的世界，也可以说成是蚂蚁的世界，杨树的世界，月季花的世界，马铃薯的世界，苹果的世界……

所有的种子都想发芽，所有的萌芽都想长大，亿万物种相互冲突又相互吸引，纵横交错成为人间。假如我们不能彼此和谐，就只有互相灭亡。

国学启示

自然界"万物并育而不相害，道并行而不相悖"，万物活活脱脱地生长，天地无声无息地化育，这就如同圣人的道德作用。

思考时间

物种之间是相互竞争又相互依存的。你能举出几个例子？

圣人美德可以配天

国学原味

唯天下至圣①，为能聪明睿知②，足以有临也③；宽裕温柔④，足以有容也⑤；发强刚毅⑥，足以有执也⑦；齐庄中正⑧，足以有敬也；文理密察⑨，足以有别也。溥博渊泉⑩，而时出之⑪。溥博如天，渊泉如渊。见而民莫不敬⑫，言而民莫不信，行而民莫不说⑬。是以声名洋溢乎中国，施及蛮貊⑭。舟车所至，人力所通，天之所覆，地之所载，日月所照，霜露所队⑮，凡有血气者，

莫不尊亲⑯，故曰配天⑰。

词语解释

①至圣：至，最。至圣，最高的圣人。

②聪明睿知：耳力敏锐叫聪，视力明亮叫明，思维敏捷叫睿，知识广博叫智。知，同"智"。

③临：居上而临下。

④宽裕温柔：这里形容仁是广大的，温和的。

⑤容：包容。

⑥发强刚毅：这里形容义的奋发坚强，刚健坚毅。

⑦执：决断，固守。

⑧齐庄中正：这里形容礼的整齐庄重，公平正直。

⑨文理密察：这里形容智的有条有理，周详明辨。

⑩溥（pǔ）：周遍。

⑪时出：随时发见于外。时，随时。

⑫见：同"现"，出现。

⑬说：同"悦"。

⑭施（yì）：延。蛮貊（mò）：南蛮北貊，古代对边远少数民族的称呼。

⑮队：同"坠"。

⑯尊亲：尊重亲近。

⑰配天：与天匹配。

句意理解

　　只有天下至圣之人，才能够聪明睿智，能居于上位而亲近百姓，治理天下；宽厚柔和，足以容纳众人；奋发坚毅，足以决断大事；端庄公正，足以获得敬仰；析理细密，足以辨别是非。（圣人之德）广博而深厚，它能够适时地表现出来。广博如同高天，深厚如同渊水。他一出现，百姓没有不

圣人美德可以配天

141

尊敬他的；他说的话，百姓没有不信服他的；他的行事，百姓没有不喜悦的。因此他的名声洋溢中原地区，并且传播到南蛮北貊等边远地区。凡是车船所能抵达、人力所能通往、天所能覆盖、地所能承载、日月所能照耀、霜露所能降落的地方，凡是有血气的生灵，没有不尊重和亲近他的，所以说圣人的美德可以与天相匹配。

趣味故事

大禹治水

传说上古尧帝的时代，天下洪水滔滔，大山只露出个尖尖，平原变成万里泽国，百姓不是被淹死，就是流离失所。

尧很着急，派一个叫鲧的人治理洪水。鲧想办法把洪水的源头给堵了起来，但是，天降大雨，洪水涨势很快，堵怎么能堵得住呢？一下子堤坝又被冲垮，洪水再次滔滔而下，淹没四野。

就这样前脚堵住，后脚被冲垮，九年过去了，洪水就像猛兽一样，仍旧肆虐，没有被制服。华夏大地，哀鸿遍野。

尧心中哀痛，深感失职，愿意让位给贤者，就想把帝位让给舜。不过，他希望舜能够把洪水治好，不要再让百姓受灾。

舜行使天子权力后，去了鲧治水的地方视察，认为鲧无功有过，就把他杀死。然后，他又推举鲧的儿子禹来继续治水。舜对大臣们解释说："我之所以这样做，是因为禹为人慧敏而勤俭，贤德而又不违使命，可亲可近，言行举动符合纲纪法律。他的父亲治水虽然失败了，但我相信他却可以获得成功。"

禹既心疼百姓的苦痛，又想洗刷父亲的耻辱，又不愿意辜负舜的信任，所以慨然接下了这个任务。

他检讨了父亲治水失败的原因，决定不再沿用老路，用堵的方法治理，而是要遍走河流山川，熟悉地势，在合适的地方打通水道，疏导洪水。

所以，他就在浩渺的洪水中，在广阔的大地上，在起伏的群峰间，到处奔波、跋涉，带着测量工具，一路测度地形高低，规划水道走向。治水的民工跟在他的身后，逢山开山，遇洼筑堤，挥汗如雨地疏通水道，把洪流一步步引入大海。

他在野外风吹日晒，雨淋水泡，手脚粗糙，面目黧黑，像个野人。在工作中，他三次经过了他的家门：

第一次，在门外他听到妻子分娩的痛呼，他忍着担心，扭头走开，继续前行。

第二次，在门外看到幼子在妻子的怀中睡觉，他眼中含泪，又走开了。

第三次，儿子已经成了一个蹦蹦跳跳的小少年，他在门外看着儿子玩耍嬉戏，叹息了一声，还是走开了。

他不能进去，他怕一进去心就软了，就不能再把全副精力都扑在工作上。

一晃眼，十三年过去了。洪水渐渐流入大海，泽国渐成平原，百姓一点点地种起了庄稼，田野也发起了新苗，人间又开始欣欣向荣。禹的名气传遍了中原大地，人们开始把他叫作"大禹"，因为他是"伟大的禹"。

圣人美德可以配天

143

神农种五谷尝百草

上古时候，土地上生长着繁密茂盛的植物，有的结出果实，有的长出籽粒，有的开出花朵，有的散发甜味，有的散发苦味……

我们的先民为了充饥，在打不到猎物的时候，就采野果或者植物籽粒来吃，但是，并不是所有的野果和籽粒都能吃，不知道什么果实吃下去就会中毒，甚至因此死去。

那时候刮大风、下大雨，或者大雪漫天漫地，先民没有牢固的屋顶可以遮蔽身体，受凉发烧也没有药物治疗，死亡率极高。

这个时候，一个人出现了。他出生在烈山的一个石洞里，传说牛头人身。因为勤劳勇敢，被部落的人们推举为首领。他的部落居住在炎热的南方，所以他又被称为炎帝。

苦于百姓只能打猎和采野果充饥，有一次他见鸟儿衔种，受到启发，就把一些能吃的种子收集起来，带着人种进土地，从此，农业就出现了，五谷也被培育出来。

就是因为他做出了这样杰出的贡献，所以大家把他称作"神农氏"。我国是一个以农立国的国家，神农氏的崇高地位可以想见。

他又看到百姓得了病后，因为不知道哪些植物是可以治病的药草，时常有误食有毒植物致死的案例，所以他自告奋勇，采来不同的草一样一样地试。有的吃下去嘴里会发麻，有的吃下去头脑会发晕，有的吃下去会神清气爽，有的吃下去他会面目肿胀，甚至七窍流血……

他试啊，试啊，不知道试了多少种草，分别把这些草给人的身体造成的影响记录下来，确定了哪些草可以为药，哪些草中含毒。从此生病的人只需要用相应的药草来治病就可以了。

神农心怀苍生，既不怕辛苦，又不怕牺牲，这样的广阔胸怀，真正当

得起"圣人"二字。

圣人是聪明睿智的，是宽裕温柔的，是发强刚毅的，是齐庄中正的，是文理密察的。"宽裕温柔"是仁，"发强刚毅"是义，"齐庄中正"是礼，"文理密察"是智，圣人具备仁义礼智四德，天下的人们都会尊敬他，信任他，亲近他。

思考时间

你知道几个我们国家远古时代的神话传说？给爸爸妈妈讲一两个，好吗？

守住至诚之道

国学原味

唯天下至诚①，为能经纶天下之大经②，立天下之大本③，知天地之化育。夫焉有所倚④？肫肫其仁⑤！渊渊其渊⑥！浩浩其天⑦！苟不固聪明圣知达天德者⑧，其孰能知之？

词语解释

①至诚：最诚。至，最。

②经纶：原指在用蚕丝纺织以前整理丝缕。这里引申为治理国家大事，创制天下的法规。经，纺织的经线，引申为常道、法规。

③大本：根本的德行，如仁义礼智等。

④倚：依傍。

⑤肫肫（zhūn）：与"忳忳"同，诚恳真挚的样子。

守住至诚之道

⑥渊渊：渊渊，水深。渊渊其渊：意为圣人的思虑如潭水一般幽深。

⑦浩浩：广大的样子。

⑧固：实在。达天德者：通达天赋美德的人。达，通达，通贯。

少儿视频版

中庸全鉴

句意理解

只有对天下百姓的真诚，才能成为治理天下的崇高典范，才能树立天下的根本法则，掌握天地化育万物的深刻道理，这需要什么依靠呢！他的仁心那样诚挚，他的思虑像潭水那样幽深，他的美德像苍天那样广阔。假如不是确实具有聪明睿智通达天德的人，又有谁能够知道这个道理呢？

趣味故事

尧的故事

距今四千一百五十年前后，我们的华夏共主就是尧了。他二十岁为帝，当政后生活非常俭朴，住的是茅草搭起来的屋子，用粗陶碗喝野菜煮的汤，身上穿的是用葛藤织的粗布衣。

他把自己的享受放在最末的位置，却把百姓的心愿和意见放在第一位。他在自己的简陋的宫门前安了一面鼓，谁要是对他有什么意见和建议，或者对国家有什么意见和建议，都可以随时过来敲鼓。哪里是他正在吃饭，或者半夜正在睡觉，都马上出来接见，认认真真地听取别人的意见。

正因为他有这样勤政的作风和宽阔的胸怀，所以才广受爱戴。

但是，即便他已经做到足够好，仍旧担心会埋没人才，所以，他在政务不忙的时候，会抓紧时间下乡，深入到穷乡僻壤、山野之间，去求贤问道，察政选才。

当时整个世界还处于一片混沌的状态之中，人们对于时间的划分并不鲜明。是他任用了羲氏和和氏四个人，通过观察太阳位置移动的变化，测定出了春分、夏至、秋分、冬至，并且通过星宿的位置，校正了历法的变化。这就是一直伴随华夏民族数千年的"阴历"的由来。

他年老时，并没有想着要让自己的儿子当接班人，而是遍访贤才，最终禅位给舜。事实证明，品德高尚的他做出了最正确、最无私的决定。

瓦棺贝冢

相传帝舜时，九嶷山出了九条孽龙，分别盘踞在"蟠龙洞"和"九嶷岩"，危害百姓生灵。

帝舜听说这件事，就来到了九嶷山。他带领百姓大战三年，斩杀了九嶷岩里的四条龙；接着大战三年，斩杀了蟠龙洞里的四条龙。又大战了三年，这才斩杀了三峰石天湖池里的老蛟龙。

帝舜因为连续苦战九年，积劳成疾，终于病倒在三峰石下。临终时，向大臣皋陶说："我死后，不可厚葬，只要在三峰石下选一黄土高地，用瓦棺盛殓，给我穿一身布衣下葬就可以了。"

舜死后，人们刻了块三千斤重的龙碑立在三峰石下。皋陶心想，此地太险恶，迁到大阳河边为好。启灵这天，碑太重，三十个壮汉都抬不动。这时，几只白鹤从天空飞过来，两头大象从地上走过来。大象用鼻子卷起墓碑，白鹤在前面引路，一行开始前进。

当他们走到熊家山黄龙洞前时，突然，从洞里出来一个白发老人，笑着说："生在帝王城，死在九嶷山，白鹤来引路，大象来抬丧。"说完摇身变成一条黄龙，张牙舞爪，不让葬在这里。

大象只好又向前走，来到一座大石岩前。这大石岩高三百丈，形状似龙，有龙角、龙眼、龙须、龙牙，山下西边还有两口龙泉。

大象将龙碑一放，碑即入地三尺。于是，人们把舜的遗体放下，砌上瓦棺，成群白鹤从四面八方衔来紫蚌壳放满瓦棺，这就是"瓦棺贝冢"的由来。

国学启示

至圣必须是至诚的。圣人的胸怀像深渊的水一样深沉静默，像浩浩长天一样广远博大，圣人的崇高道德如山峰挺立，无须有任何依托，他们是天下万物的依托！

思考时间

你有信心做一个胸怀宽广、道德高尚的人吗？

认识中庸的境界

国学原味

《诗》曰①："衣锦尚䌹②"，恶其文之著也③。故君子之道，暗然而日章④；小人之道，的然而日亡⑤。君子之道，淡而不厌，简而文，温而理，知远之近，知风之自，知微之显，可与入德矣。

词语解释

①《诗》曰：此诗引自《诗经·卫风·硕人》。

②衣（yì）：穿衣。此处作动词用。锦：指色彩鲜艳的衣服。尚：加。䌹（jiǒng）：用麻布制的罩衣。

③恶（wù）：嫌恶，厌恶。著：鲜明，耀眼。

④暗然：隐藏不露。日章：日渐彰显。章，同"彰"。

⑤的（dì）然：鲜明、显露。

句意理解

《诗经·卫风·硕人》说："身穿锦绣衣服，外面罩件套衫"，这是为了避免锦衣花纹大显露，所以，君子的道深藏不露而日益彰明；小人之道外表鲜明而日益消亡。君子之道，平淡而让人不厌，简略而有文采，温和而有条理，由近知远，由风知源，由微知显，这样，就可以进入道德的境界了。

国学原味

《诗》云①："潜虽伏矣，亦孔之昭②！"故君子内省不疚③，无恶于志④。君子之所不可及者，其唯人之所不见乎。

词语解释

①《诗》云：此诗引自《诗经·小雅·正月》。

②孔：很。昭：《诗经》原作"沼"，意为明显。

③内省（xǐng）不疚：内心经常反省，没有什么愧疚。

④志：心。

句意理解

《诗经·小雅·正月》说："潜藏虽然很深，但也会很明显的。"所以君子自我反省没有愧疚，没有恶念头存于心志之中。君子的德行之所以高于一般人，大概就是在这些不被人看见的地方吧。

国学原味

《诗》云①："相在尔室，尚不愧于屋漏②。"故君子不动而敬，不言而信。

词语解释

①《诗》云：此诗引自《诗经·大雅·抑》。

认识中庸的境界

②相在尔室，尚不愧于屋漏：引自《诗经·大雅·抑》。相，注视。屋漏，指古代室内西北角设小帐的地方。相传是神明所在，所以这里是以屋漏代指神明。不愧屋漏喻指心地光明，不在暗中做坏事，起坏念头。

句意理解

《诗经·大雅·抑》说："看你独自在室内的时候，是不是能做到无愧于心。"所以，君子在未行动之前就怀有恭敬之心，在没有对人说什么的时候也是信实的。

国学原味

《诗》曰[①]："奏假无言[②]，时靡有争[③]。"是故君子不赏而民劝，不怒而民威于铁钺[④]。

词语解释

①《诗》曰：此诗引自《诗经·商颂·烈祖》。

②奏假无言：奏，进奉，假，同"格"，即感通，指诚心能与鬼神或外物互相感应。

③靡（mí）：没有。奏假，祈祷。无言，没有说话。奏假无言，即在心中默默祈祷。

④铁（fū）钺（yuè）：古代执行军法时用的斧子。

句意理解

《诗经·商颂·烈祖》说："进奉诚心，感通神灵。肃穆无言，没有争执。"所以，君子不用赏赐而百姓也会互相劝勉，不用发怒而百姓畏惧甚于斧钺的刑罚。

国学原味

《诗》曰[①]："不显唯德[②]，百辟其刑之[③]。"是故君子笃恭而天下平。

①《诗》曰：此诗引自《诗经·周颂·烈文》。

②不显：即大显。不，同"丕"，大。

③辟（bì）：诸侯。刑：同"型"，示范，效法。

句意理解

《诗经·周颂·烈文》说："弘扬那德行啊，诸侯们都来效法。"所以，君子笃实恭敬就能使天下太平。

国学原味

《诗》云①："予怀明德②，不大声以色③。"子曰："声色之于以化民，末也。"

词语解释

①《诗》云：此诗引自《诗经·大雅·皇矣》。

②怀：归向，趋向。明德：具有美德的人。

③声：号令。以：与。色：容貌。

句意理解

《诗经·大雅·皇矣》说："我怀念文王的美德，他从不厉声厉色。"孔子说："用厉声厉色去教育百姓，是最拙劣的行为。"

国学原味

《诗》曰①："德辀如毛②"，毛犹有伦③。"上天之载，无声无臭④"，至矣！

词语解释

①《诗》曰：此诗引自《诗经·大雅·烝民》。

②辀（yóu）：古代一种轻便车，引申为轻。

③伦：比。

④上天之载，无声无臭（xiù）：引自《诗经·大雅·文王》。臭，气味。

认识中庸的境界

151

句意理解

　　《诗经·大雅·烝民》说："德行轻如毫毛"，轻如毫毛还是有物可比拟。《诗经·大雅·文王》又说："上天化生万物，既没有声音也没有气味"，这才是最高的境界啊！

趣味故事

心底无私天地宽

　　裴度是唐代人，做过三朝宰相。他是一个矮子，长得也丑，但是品行很好。从小他就立下宗旨："不欺心，不欺人。"

　　他十几岁的时候，到城外寺院游览，发现地上有一个绸布包。他发现绸布包里的东西价值不菲，就捡起来站在寺院门口等失主认领。等啊等啊，等了一天也没有等到；第二天，他又拿着绸布包到了寺院门口，继续等待失主，结果又没有等到。第三天才有一个中年妇人匆匆忙忙赶来，见人就问："请问您见到一个绸布包没有？"

　　他就主动走过去，问清楚了绸布包的样式、花色，里面包的物品，发现都对得上，于是拿出来还给了妇人。

　　妇人特别激动，因为布包里的东西价值昂贵，是两条满镶珍珠的玉带。她要用这两条玉带去官府赎她的父亲的性命，却不小心丢了；让她又惊又喜的是，它们失而复得。

　　宋朝一本叫作《唐语林》的书里记载了这样一个故事：

　　一个叫崔枢的人去汴梁考进士，他和南方来的一个商人同住半年，交情莫逆。

后来，商人重病，死前对崔枢说："我的病看来是治不好了，按我们家乡的风俗，人死了要土葬，希望你能帮我这个忙。"崔枢答应了他的请求。

商人为了表达感谢，就对他说："我有一颗珍贵的宝珠，价值万贯，得之能蹈火赴水，我把它送给你吧。"

崔枢一开始答应了，可是后来越想心里越不安：我和他是朋友，我安葬他是应该的，怎么能够接受他这么贵重的谢礼呢？

所以，商人死后，他把商人与宝珠一起安葬了。

一年后，商人的妻子千里迢迢来寻找亡夫，同时查问宝珠下落。因为找不到宝珠，就告到了官府。官府派人抓了崔枢："既然你们是好朋友，你又替他办的丧事，你一定贪没了他的宝珠。"

崔枢说："如果墓没有被盗的话，宝珠一定还在棺材里。"

官府派人开棺，发现宝珠果然在棺内。崔枢因为自己的心地光明，所以逃过一劫。

国学启示

君子之道也许开始的时候并不辉煌，但是日积月累，日见光辉。小人一开始很张扬，但是因为华而不实，最终会渐渐消亡。

君子的外表也许平淡、简朴、温和，但是他却有着丰富的内涵，其影响力也是无穷的。当然了，做君子必须要时刻加强自己的修养，讲究慎独，任何时候都要无愧于心才好。

思考时间

你有过起小心思的时候吗？你做过什么样的思想斗争，最后结果如何？

参考文献

［1］中国国学文化艺术中心.大学·中庸［M］.北京：人民教育出版社，
　　　2011.

［2］南怀瑾.话说中庸［M］.北京：东方出版社，2015.

［3］王国轩.大学·中庸［M］.北京：中华书局，2016.

［4］赵清文.大学·中庸［M］.北京：华夏出版社，2017.

［5］周有光.中庸［M］.北京：天天出版社，2017.

［6］邓敏华.大学·中庸［M］.哈尔滨：黑龙江美术出版社，2017.

［7］郎建.大学·中庸［M］.北京：中国少年儿童出版社，2018.

［8］冯学成.中庸二十讲［M］.北京：东方出版社，2019.